老HRD手把手系列

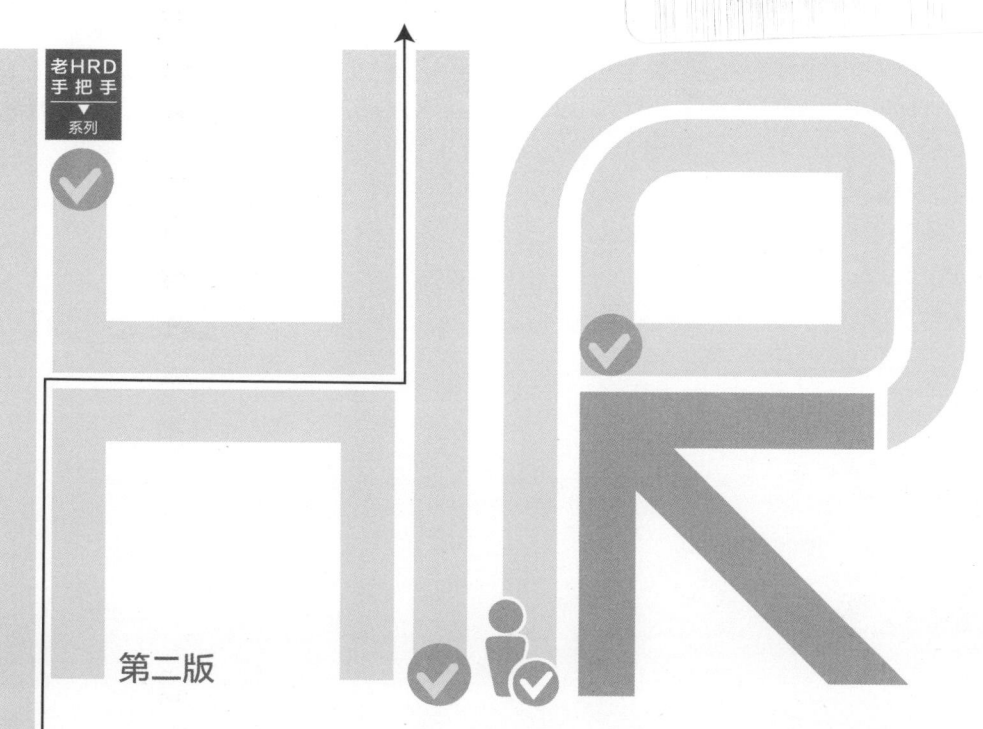

第二版

老HRD手把手教你
做岗位管理
实操版

杨刚祥　胡光敏◎著

中国法制出版社
CHINA LEGAL PUBLISHING HOUSE

企业人力资源管理"手把手"丛书专家顾问委员会成员

（以下排名顺序不分先后）

隆　雨　京东集团首席人力资源官及法律总顾问
王文萍　奇虎360人力资源总监
张如国　新东方教育集团助理副总裁兼人力资源总监
马永武　腾讯学院院长
胡劲松　乐视网人力资源高级总监
蔡元启　海尔集团全球人才平台总监
高晓宇　酒仙网资深人力资源总监
李　琳　凤凰网人力资源中心总经理
徐惠来　清华同方本部人力资源总监
刘　莹　恒安集团人力资源总监
张晓春　新奥集团人力资源总监
杨　勇　安踏集团总裁助理兼人力资源总监
王珏珅　宇通客车人力资源总监
陈毅贤　北京中科金财科技股份人力资源副总裁
黄治民　北京北斗星通科技股份人力资源副总裁
周留征　北京东土科技股份副总裁
刘亚玲　北京华胜天成科技股份人力资源总经理
刘法圈　联想控股融科智地房地产人力资源总监
赵小兵　敦煌网人力资源高级顾问
张成强　京翰教育集团人力资源总监
周　博　中国电信翼支付人力资源总监

张　萌	光大永明人寿保险人力资源部总经理
李　瑛	东方国信人力资源总监
肖冬云	天音通信人力资源总监
王文涛	凌云光子集团人力资源副总裁
李美平	远光软件股份有限公司副总裁
薛　燕	天极传媒集团人力资源总监
王永贤	北京立思辰科技人力资源副总裁
王志成	亿龙集团人力资源副总裁
刘立明	北京建谊投资（集团）高级副总裁
张银昆	北京合纵科技股份人力资源副总裁
李　亮	万达集团人力资源管理中心副总经理
刘海赟	易车网人力资源中心总经理
高文举	微才网首席执行官
廖　亮	中国邮政人力资源总监
陈　沁	亚信集团薪酬福利总监
张　欣	北京华联商厦人力资源总监
兰　雨	人人网人力资源总监
赵东辉	拉卡拉人力资源总监
俞　波	新中大软件股份有限公司人力资源总监
王立平	北京久其软件人力资源总监
李默成	大公国际人力资源总监
姜　杉	中金数据科技人力资源总监
陈守元	易华录科技股份人力资源总监
张　琰	紫光集团人力资源部经理
徐冰雪	工商银行数据中心人力资源部经理
曹　冰	恒宝科技人力资源总监
郭　奇	北京盛百味餐饮集团总经理

PREFACE 序言
企业人力资源管理实践领域一大盛事

我国企业从二十世纪九十年代开始人力资源管理转型，历经二十多年的发展，水平仍然参差不齐，有些企业已经进入战略人力资源管理阶段，同时也有不少企业仍然在人事管理阶段徘徊。究其原因，一是企业领导人对人力资源管理的认识不到位，二是人力资源管理专业人员的业务能力不达标。现有的出版物在服务企业家学习人力资源管理方面基本是够用的，但在提升人力资源专业人员的业务能力方面，则尚有缺欠。师带徒、边干边学仍是中国企业人力资源新兵们"习武"的主要方式。

人力资源管理是一门致用之学，既有系统深入的理论基础，又有复杂多变的操作规则和艺术。综观书市，以人力资源管理为题的教材和理论性书籍林林总总、数不胜数，但完全由业界人士撰写的实战型精品却难得一见。中国法制出版社联手国内顶尖名企的人力资源高管共同打造"老HRD手把手系列丛书"，契合此领域学习资料之短板，可谓年轻人力资源管理业者之幸。

这套丛书的出身决定了它的独特个性。

1. 作者"道行深"：优秀的作者才能写出优秀的作品。这套丛书的"爸爸妈妈"们都是硕士学历，接受过高水平的系统教育。他们从基层一步一步成长为人力资源高管，经历过多番变革，处理过多种矛盾，至今奋战在企业人力资源管理第一线。他们不仅深谙人力资源管理理论，更精通人力资源管理操作技巧，可以说，他们都是"有道行"的人，是有能力写出既有"仙气"又接"地气"的作品的人。

2. 内容"实"：本书的内容以"实战、实用、实效"为导向，书中所有实践经验均来自国内一流名企，这些公司都具有鲜明的代表性。书中不仅有文字描述和对理念、原则的介绍，而且有大量"开袋即食"型的流程、工具和表格，新手可以借此实现本公司实践与优秀公司经验之间的无缝对接。

3. 文字"简"：本套丛书没有将"简单问题复杂化"，没有赘述枯燥的管理理论，表达简洁直接，便于读者快速把握要点。

4. 主题"全"：本套丛书涵盖企业招聘、绩效、培训和薪酬等各项职能，每本书又覆盖了一项职能中几乎所有的细节，可谓人力资源管理实操大全，为企业构建规范化、精细化人力资源管控体系提供了一整套解决方案，也为人力资源专业人员成为全能型选手提供了十八般兵器。

正是因为本套丛书的以上特点，我很高兴、很荣幸写这个小序，一是向读者朋友推荐这些书，二是向作者致敬、祝贺。这套书不仅适用于企业人力资源管理专业人员中的新手和生手，也值得老手们参考。它山之石可以攻玉，在一个企业做久了，思路容易有局限，相信这套书也能给老手们带去清新之风。

我还要从高校教师和学生的角度感谢作者和出版社。大部分教授人力资源管理课程的老师都没有人力资源管理的实战经验，学生也难有机会全面了解企业人力资源管理的真实面貌，这套书把企业实践搬到师生眼前，虽不能代替调研和实践，却能让师生离企业更近。对高校的教学活动而言，这套书是很有价值的参考资料。

高境界的管理要做到知行合一、科学性与艺术性的有机统一，在这套"老HRD手把手系列丛书"里，我非常欣慰地看到了这一点。这同时也启发各位读者：尽信书不如无书，要将他人的经验和自己的实情相结合。人力资源管理有科学和普遍的成分，也有艺术和特殊的成分，把先进企业的经验作为铺路石去开拓自己的路，才是正确的做法。本书的价值在于告诉读者要做什么、怎么做、为什么做，至于是不是自己做、做到什么程度，则没有标准的答案。

中国企业的转型升级已经进入了关键阶段，人力资源管理在未来必将扮演越来越重要的角色。祝愿中国企业的人力资源管理能伴随企业的改革发展达到新的高度！祝愿中国的人力资源管理同仁薪火相传，打造一支能被企业领导和员工高度信赖的专业队伍，共同让人力资源成为中国企业决胜商场的第一资源！

——清华大学经济管理学院
领导力与组织管理系副教授
曲庆

CONTENTS 目录

第1章 认识岗位与组织目标，组织结构的关系

01 岗位与组织目标的关系 // 002

02 岗位与组织结构的关系 // 007

03 岗位管理 // 010

第2章 岗位分析的目的与作用

01 为什么要做岗位分析 // 014

02 岗位分析的作用 // 016

第3章 岗位分析的内容与前提

01 岗位分析内容 // 026

02 岗位分析的前提 // 028

第4章 岗位分析的方法

01 访谈法 // 042

02 问卷调查法 // 054

03 观察法 // 069

04 工作日志法 // 072

05 关键事件法 // 073
06 其他岗位分析方法 // 075
07 岗位分析方法的比较与选择 // 078

第5章 岗位分析的实施流程

01 岗位分析的准备 // 083
02 岗位分析的计划实施 // 089
03 信息分析总结 // 098
04 结果的形成与反馈 // 102

第6章 职务说明书的编写

01 岗位设置表的编制 // 110
02 岗位编码如何设置 // 120
03 岗位描述用词规范 // 127
04 岗位职责描述编写要点 // 132
05 工作描述编写要点 // 134
06 岗位任职资格编写要点 // 140
07 职务说明书的模板 // 143

第7章 岗位评价的概述与评价方法

01 岗位评价的概述 // 158
02 岗位评价的方法与选择 // 163

第8章 岗位评价的操作流程

01 岗位评价前的准备 // 180
02 设计岗位评价系统 // 183

第9章　岗位分析与岗位评价的结果运用

01　岗位分析与定编定员 // 224

02　岗位分析与招聘配置 // 231

03　岗位分析与员工培训 // 233

04　岗位分析与绩效管理 // 237

05　岗位分析评价与薪酬设计 // 240

06　岗位分析评价与劳资关系处理 // 244

第1章
认识岗位与组织目标，组织结构的关系

岗位的内涵是什么

组织目标的定义

岗位对组织目标实现的重要性

岗位与组织结构的关系

定岗对企业的重要性

为什么要建立岗位体系

岗位整合与管理的意义

企业的管理包括很多方面，在现代化的企业管理的过程中，必须建立适合企业发展需要的战略性的人力资源管理系统，来调动员工的积极性，发挥员工的潜能，为企业创造价值，给企业带来效益（包括经济效益与社会效益），确保企业战略目标的实现。

那么，建立战略的人力资源管理系统，首先就要正确认识和理解人力资源管理系统的基础和依据。这就要求人力资源管理的从业者，从操作层面上立足于人力资源管理的基础工作，通过对岗位进行管理，实现人与岗、人与人之间的最佳组合。

所以，我们就应当在对岗位分析前，了解和认识什么是岗位？什么是组织结构？什么是组织目标？岗位如何合理设立，如何整合？岗位对实现组织目标的作用是什么？岗位在组织结构中的地位如何？

01 岗位与组织目标的关系

一、岗位的内涵

岗位是企业组织结构中最基本的功能单位，是组织最小的单元，是各业务流程的节点，直接体现为一组具体的工作任务，它有以下表现。

（1）岗位具有工作的属性，它属于组织，是组织中最小的单元，直接体现为一组或多组具体的工作。

（2）在现代的岗位管理实践中，既要考虑资质的因素，也要考虑人的因素。以岗配人，人岗匹配，是组织发展和个人成长的双重需要。

（3）岗位的设置必须与组织目标相适应，反对因人设岗。

（4）岗位必须包含一组或多组的工作内容，工作标准，工作职责，工作权限。

二、岗位与组织目标的关系

岗位在企业的组织中处于一个最基本的单元地位，它是人力资源管理的最基础工作之一，那么它和组织目标的关系如何呢？

1. 组织目标的定义

企业的战略确立之后，每个企业就会制定很明确的总体目标。比如华为消费者业务：在2019年国际金融报采访华为消费者业务CEO余承东时提出的"华为有信心2019年成为全球第二大智能手机生产商，2019年末实现全球市场占有率超过20%"。从这里可以看出组织目标具有以下特性：

（1）方向性：目标是企业的行动纲领，它给全体人员指明了统一行动的方向，指导着员工具体的工作。

（2）明确性：在一定的时间内要达到的具有一定规模的期望标准。管理大师拿破仑·希尔曾经说过这样一句话："目标，必须是清晰而具体化的。"正如余承东"牛B"一样"2019年实现全球市场占有率超过20%"的目标明确而具体。

（3）可达成性：目标不同于愿景的区别是，目标一定是在一定的时间内能实现或基本能实现的指标，它具有可执行性，它不是凭空一拍脑袋想出来的，它是综合市场、技术、资源、管理等多种因素科学分析的结果。例如，2019年3月4日余承东在中国家博会上接受群访时透露：2019年华为手机的目标（华为+荣耀）是实现全球销售2.5亿~2.6亿部。那么我们看看华为手机2019年这个目标能不能达成呢？据2019年4月22日华为发布的一季度业绩报告显示：华为手机一季度出货超过5900万台。

这就能充分说明问题了。

2. 岗位目标（工作目标）

是组织按照纵向或横向将组织目标进行层层分解，然后到具体岗位，具体个人的目标。它是在一定的考核期内应完成的工作任务及应达到的绩效结果，它具有以下特性：

（1）岗位目标是经过组织目标层层分解而来的，不是独立存在的，与组织目标一定要有关联性、逻辑性。

（2）岗位目标达成后，必须有利于组织目标的实现，任何对组织目标达成无关的岗位目标都不能作为岗位目标去考核。

（3）岗位目标实现的一个重要因素——人，以及人的素质，是影响岗位目标达成的关键因素，不容忽视。

（4）岗位目标的制定，应该做"加法"，不能做"减法"，即在参照组织目标时适当拔高，要跳一跳才能够得着。

3. 岗位目标与组织目标的关系

组织目标是一个企业的总目标，它是企业的行动纲领，是组织绩效达成的依据。因此要保证组织目标的实现就必须多组织目标进行分解，将组织目标分解为部门目标，再将部门目标分解到具体的岗位，形成岗位目标，具体到个人，才能形成"上下同欲"。因此岗位目标与组织目标有哪些特点呢？

（1）岗位目标是组织的子目标，它与组织目标具有连贯性、一致性。

（2）岗位目标是组织目标体系的终端，它不能偏离组织的战略与组织的整体目标。

（3）无论是按时序分解，还是按空间分解，都必须明确岗位目标（个人）在整个目标体系中所处的地位关系，这样才能使每名管理者、员工对整体目标一目了然，利于调动员工积极性、主动性和创造性。

【管理分享】

目标分解三步行

我们在实践中一般对目标的分解采取三步走的方法来实施。

第一步：把公司总体目标分解成几个关键目标，要求系统全面

1. 寻找关键要素：寻找战略目标的关键支撑因素，最好采用"自上而下"的系统思考方法。先从最终目的开始，确定需要的路径有哪些，需要具体做哪些事情才能保障其实行。同时确定公司现在存在的最大短板是什么，克服它的方法和手段有哪些？寻找支撑要素要求全面，找到尽可能多的相关因素，直到穷尽为止。同时，不仅要寻找出显性要素，还要找出其背后的隐性支撑要素，寻找它们的内在关联关系，通过寻根究底，顺藤摸瓜。这样完成企业目标的多个支撑要素就都会找到，然后根据重要性进行排序，就把总目标分解出了很多内容。

2. 多个维度定义、分解企业的战略目标。通过目标的分解，不仅业务部门有明确的目标，而且支撑业务部门的职能部门目标也能从公司总目标中分解出来。例如，提高利润就要求财务部门严格把关企业的各类非经营性开支等，而完善组织流程、建立企业的薪酬激励机制就成了人力资源部最关键的任务目标。

第二步：把公司目标分解到部门，横向关联

把确定好的公司目标分解到部门时，需要分清是部门可控目标还是可影响目标。同时分解中要求各部门目标横向关联，以客户为中心。

1. 部门可控目标分解：要从部门的关键职能入手，把公司级目标分解到各相关部门，在公司运营流程中，各部门都有其存在的理由，营销部要完成营销、生产部要实现生产，由此我们就可以把公司级目标分别分解到相关部门，如销售额分解到营销部，生产目标分解到生产部。这些目标都是部门关键职能之所在，是部门可以直接控制的，从而成了部门的关键业绩目标。

2. 部门可影响目标分解：许多公司级目标属于共担目标，不是单个部门可以直接控制的，但是可以影响的，如人员流失率目标、质量目标、降低管理成本等，这些目标需要分解给两个甚至多个部门。如何把这些目标分解到各部门，就需要认真审查各部门职能，看看部门有无此工作内容。如产品质量目标，生产部、质管部都有相应职能，因此就需要这两个部门共同承担。确定了部门后，然后再确定各部门在这个目标中承担什么样的责任。这同样需要审查部门职能的侧重点，根据各部门实际负责大小确定分配权重。比如关键人员流失率目标，不仅是人力资源部经理的事情，更是各直线主管的责任。在人力资源部职能中，主要涉及招人、育人、用人、留人的制度设计和组织实施，而各个部门则是具体实施这些制度，由此我们就可以分出责任来，如果公司面临着普遍的人员流失，那么人力资源部要承担主要责任。如果是个别部门的人员流失严重，那么这个部门的负责人就要承担主要责任。这样直线主管才能对整个部门的绩效、人员管理全面负责。

3. 横向关联：把目标落实到各部门后，还需要确定各部门目标是否实现了左右关联、方向一致、相互支持和配合。如果各部门的目标冲突打架、左右撞车，造成严重内耗，这样的目标就不能保证企业整体目标的完成。

第三步：把部门目标落实到每个人身上，要上下贯通

1. 人员可控目标分解：作为主管来说，要为整个部门的绩效负责，因此，作为部门可以直接控制的目标，主要由主管承担，如销售额、生产量、技术开发数等。而目标分解的过程，就是压力传递的过程，主管重点目标要在下级身上找到对接点，而不是主管一人扛，下属毫无压力。这就需要检查每个人员的职责，确定谁与这些目标有关，他们承担的比例是多少，这样目标就可以分解给多个下属，从而做到上下贯通、分解不错位。例如，主管的销售额目标要有多个业务代表共同承担；主管要完成新产品销售，员工就不要销售老产品。当然，上级的有些目标需要多个不同下级来支撑，如主管有提高人员技能目标，就需要业务骨干有相应培训目标，营销内勤有相应的培训支持目标。

2. 个人目标是上级目标的进一步细化和延伸，目标分解时，要把这些细化、配套措施都找出来，这样下级的工作就能更有效地支撑上级目标的实现。如营销经理是销售额，大区经理就必须提高地区市场销售额，提高客户满意度；而业务代表必须完成具体分类地区的销售额、开发客户、减少客户投诉等目标。

3. 人员可影响目标分解：作为部门可影响的目标来说，分解到部门人员身上，同样要根据职责确定相关责任人。以关键人员流失率这个目标为例，讨论如何分解部门可影响目标。如上所述，这个目标每个部门都有份儿，人力资源部主要涉及招人、育人、用人、留人的制度设计和组织实施，因此这个目标主要由人力资源部经理负责。但这个目标还可以继续往下分解，招人、育人、用人、留人。而这正好有招聘、培训、绩效、薪酬各专员对应负责，这个目标就可以分解到各个人员身上，同时，我们也认识到，这些工作也正是人员的岗位职责，因此人员把自己的岗位职责履行好了，就能有效地支撑企业的目标实现。

另外，直线主管也要承担人员流失目标，实现这个目标，主管需要做什么？

除关键目标外,他还要负担起人员管理的责任,他要培养人(专业培训或传帮带),要对下属考评(绩效面谈、沟通交流),要对部属的绩效负责。这些工作,可以作为关键人员流失率的过程目标,写进主管的目标管理卡中,当然,这些目标有些是可以分解的(如人员培训),而绝大部分是需要主管直接承担的,因此,如果一个部门人员流失率过高,部门经理就要承担主要的责任。

以上是目标分解的具体做法,但是还需要辅助的支持条件。

1. 透明的战略:让每位员工都了解企业的未来发展方向,了解公司战略的真正含义,了解公司期望员工的行为方式,这样员工心中有数,他们在实施公司的目标任务时,就不会与企业战略偏离。在实施目标过程中也自动矫正自己的行为符合企业规范,而不是只埋头拉车,不抬头看路。

2. 沟通的文化:目标的制定与实施,需要进行大量的沟通、信息分享,包括左右的沟通、上下的沟通、领导与所有人员的沟通等。通过每个人的积极参与制定,缺乏沟通、部门各顾各、上下相互蒙蔽,是无法有效的分解目标。

为了保证目标制定的合理性,公司级目标制定和分解,部门横向目标协调,需要公司召开管理决策会议来确定,通过老总对战略任务的阐述,通过各级部门主管的参与,这样各级管理者对公司的目标方向更加清楚,同时在会议上可以直接倾听其他部门对本部门的意见和要求,及时修正自己的目标。而部门目标的分解,需要上下级双方讨论,充分听取彼此的意见,双方同意后,再签字确认。

3. 大量的培训:通过培训,让大家认识到,目标体系是一个系统,全公司要一盘棋考虑,不仅要看结果,还要有关键性步骤。同时,让大家掌握具体的目标分解方法和步骤,这样就会保证目标分解不走样。

只有这样通过目标的有效分解,做到系统全面、上下一致、左右协调,公司战略目标就不会走样变形,就会在每个人员身上得到具体体现。这样,个人目标实现了,同时也保证了公司目标的实现,全公司人员都有了共同的努力方向。

02 岗位与组织结构的关系

一是不论企业规模大小、性质如何、行业背景,还是这样的运营模式,只要企业不是一个人（自然人）在工作；二是由二个或二个以上的人参与它就成为一个组织，他就需要对工作任务进行分工、分组，各分组就应承担一定的责任，相应地获得授权，各分组之间必然会产生相互关系，于是这个管理系统的"框架"就形成了。

一、组织结构

1. 组织结构的定义

组织结构是指组织内部因规模扩大，工业化、信息化，使工作任务仅靠单个人无法完成，而进行分工、分组和协调合作，在排列顺序、空间位置、聚散状态、联系方式以及各要素之间的相互关系建立的一种"框架"。

2. 组织结构的设计

明确了组织结构是一个"框架"，接下来就是如何设计这个框架，根据各企业所处的行业背景、发展阶段、企业性质等的不同来设计适合公司发展需要，能实现组织目标、保障组织效率的组织结构。

例如，企业处于发展的稳定阶段，又属于生产制造型企业，技术较为成熟，竞争激烈的类型，宜采用直线职能制的组织结构，像传统的机械制造、家电业等，具体的组织结构见下图。

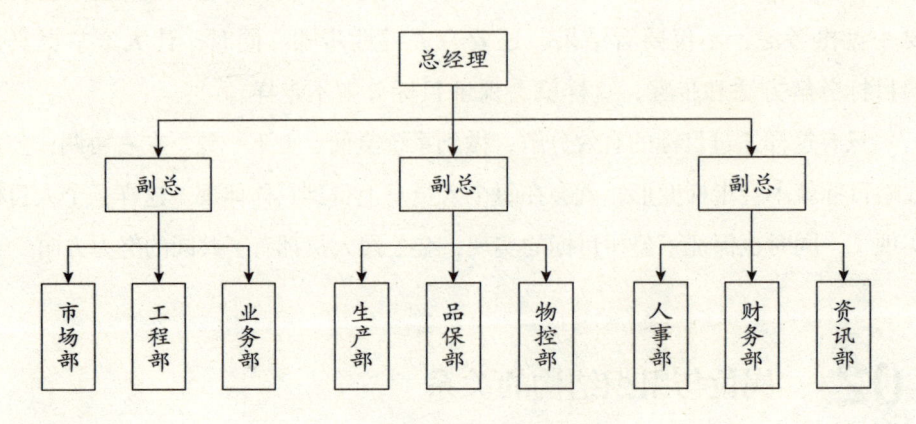

图1-1　组织结构示例图

二、岗位与组织结构的关系

从上面叙述我们理解了组织结构的含义，以及如何设计组织结构，那么岗位与组织之间的关系是什么呢？或者说岗位在组织结构中的地位关系如何？承载的角色与所起的作用？

1. 部门

企业的活动一般都是按照一定的逻辑形成的流程进行活动的，按达到目标的一致性，既分工，又协作，精干高效，并按责权利对等的原则，设置若干个方便管理的单位部门。

2. 部门职能

企业分成一个个管理单位后，就要求每个单位需要承担相对应的职能（包括关键职能与辅助职能），不管是以"质量管理为关键职能"的组织（如机械制造），拟或以"技术研发为关键职能"的组织（如互联网），还是以"营销为主要关键职能"的组织（如贸易公司，平台）等，都需要根据部门设置赋予其相对应的职能。

3. 定岗

组织中部门确立之后，这些职能就需要几个人或 N 个人来履行其职责，承担其工作任务，赋予一定权限，还需要与其他部门产生关系，于是岗位就产生了。

以人力资源部为例：承担招聘主要职能的岗位——招聘专员；承担绩效考核职能的岗位——绩效专员等。当然我们在实践中，会根据企业的规模、性质、管理的难易程度、工作量的多少，也可以将招聘与绩效考核的职能合并为一个岗位承担——人事专员。

为此，我们就需要定岗。定岗就是明确岗位的工作任务、工作职责、工作标准、岗位与岗位之间的关系等。

从以上叙述可以看出了组织结构与部门，与岗位之间的关系。如下图：

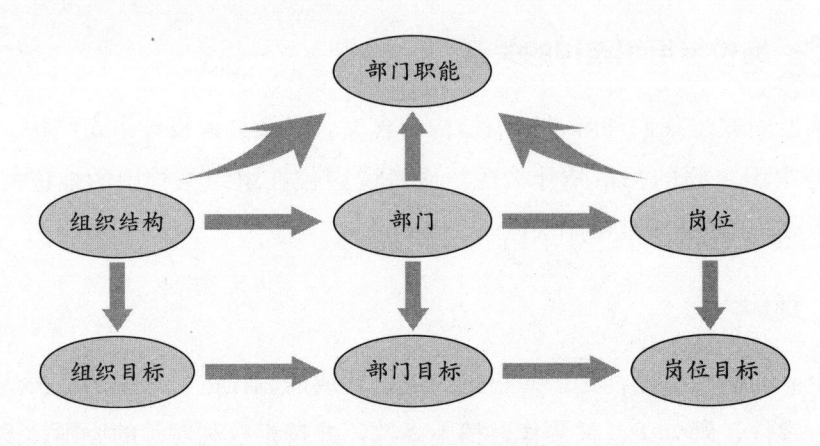

图 1-2　组织结构关系图

> **小贴士 Human Resources**
>
> 不论大公司还是小公司，岗位的工作内容，一般都是按照性质相近或相似的一类关系整合在一起的，这样对岗位的任职资格的要求就没有那么高了。但那时也不是绝对地照搬教条，对于小公司（人员不多）或组织变革需要的，也可以把跨专业、跨管理领域的工作内容整合在一个岗位内。

03　岗位管理

我们认识了岗位在组织中的地位和作用，岗位管理其实是人力资源管理中最基础的一项管理活动，它直接与薪酬管理、绩效管理、任职资格管理、人力资源规划等形成相互关联、相互作用，从而保障企业能持续不断地吸引、激励、保留优秀人才。

一、岗位管理体系

（1）岗位管理体系是指企业以企业战略、环境、员工素质、规模、技术因素、企业发展等因素为依据，对岗位设置、层级、序列、职责、绩效标准等通过岗位分析，岗位评价建立一系列培训、规划、考评、激励、约束等的过程控制，实现因事设岗、因岗择人、因人考核，按绩效进行激励与约束，以发挥企业人力资源效用，保障企业战略目标实现。

（2）企业岗位体系包括以下内容，见下图：

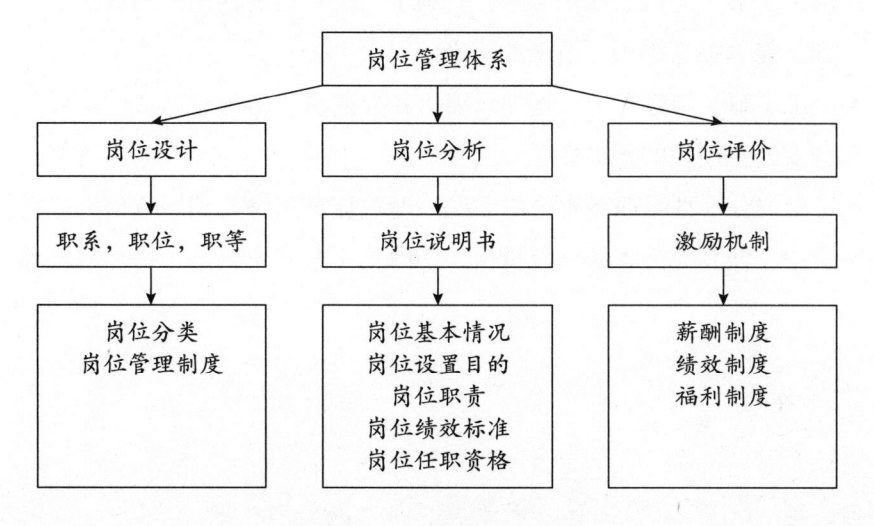

```
                    岗位管理体系
          ┌────────────┼────────────┐
        岗位设计      岗位分析      岗位评价
          │            │            │
      职系,职位,职等  岗位说明书    激励机制
          │            │            │
        岗位分类    岗位基本情况    薪酬制度
      岗位管理制度  岗位设置目的    绩效制度
                    岗位职责      福利制度
                    岗位绩效标准
                    岗位任职资格
```

图 1-3　企业岗位体系图

二、岗位管理的意义

1. 使业务流程更趋合理

- 通过梳理岗位，在明确任务与职责的过程中，能不断地发现业务流程中不合理的地方并加以修正，提高组织运行的顺畅性。
- 通过岗位分析更加明确岗位与岗位、岗位与部门、岗位与整个组织的关系，业务关联点更加清晰，组织效率更高。
- 通过岗位优化，避免岗位重叠和岗位疏漏，人浮于事。

2. 提高了招聘效率

- 明确的任职资格标准，可以更直观、有效地筛选出合格的应聘者。
- 对内部人才的流动（内聘）指明了方向、录用标准，利于内部人才的适岗要求及个人职业生涯规划。

3. 和谐了劳动关系

- 员工明确了本岗位的工作内容与职责，更能体会自己工作的意义。
- 员工了解了岗位的任职要求，有利于认清自己的差距。为员工学习、培训、能力提高提供了清晰的标准。
- 员工了解了绩效标准，增加对能力各异的员工对考核结果的认可，并能激发改善绩效的积极性。
- 工资的公平性是职场永恒的话题，通过让员工参与到岗位分析、岗位评价中，使其充分了解岗位价值，消除员工对薪资内部公平性的疑惑。

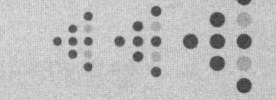

第 2 章
岗位分析的目的与作用

总经理直接对基层员工下指令是否妥当

下属对临时性工作安排有异议，怎么办

延误产品交货期都是老板的错吗

岗位分析包括对哪三大核心进行分析

岗位分析如何获得高层的支持

中小企业岗位分析的现状及基本对策

01 为什么要做岗位分析

一、都是职务说明书惹的祸

【实例实操】 一桩"投诉事件"引发的思考

这是笔者曾经在某公司服务过的一个经历。2006年，我刚进这家公司上班的第一天上午接到了一个电话：

"为什么辞退我？我又没做错什么……"电话那头传来激动的大嗓门，震得顶棚都要掉下来似的。

等到对方一股脑儿说完，我才接过话头："您好，我是新来的人力资源总监，请问您是哪个部门，贵姓？有什么事情请慢慢说。"

"哦，总监啊，不好意思。我是制造部助理陈锋，我被我们主管给炒了，求您给我作主……"

对于公司辞退员工我一向比较慎重，知道处理不好就会产生劳资纠纷，并且影响公司的形象，于是我决定先了解事情的原委再说。

经过多方的了解，终于理顺了事情的经过：原来，昨天部门主管请事假，交代助理陈锋把上周生产计划达成情况整理好，并送一份给生产总监。结果到了晚上生产总监还没收到，便打电话劈头盖脸地把部门主管训了一顿。部门主管折腾了一天刚回到家，就马上打电话责问陈锋。陈锋开始还小声解释："他们每天的生产完成情况都是发给您的，资料也在您电脑上，我也没有您的电脑密码。考虑到您在医院又不好意思打扰您，想等您回来再处理，一忙又把这事给忘了。""没有电脑密码你不会打电话给我？你进公司也两年了，怎么一点长进都没有！"部门主管提高了声调。一来二去陈锋也恼了："这个报告又不是我负责，你的责任，你没做到，倒反过来栽在我身上，我只是帮你呢！"听到陈锋做错了事情，不但不承认错误，反而强词夺理。部门主管也火了"明天早上 8:00 到我办公室！"便啪的一声挂了电话。

【实例实操】　　原来都是老板的问题

这是由董事长亲自参加的一次产品延期交货的检讨会。

董事长："今天你们各部门主管给我一个明确的交代。不找出原因、追查出责任人、拿出改善措施，大家都不要下班。"董事长表情非常严厉，使会议的气氛更加沉闷。

"那，先请业务部王总监先讲。"总经理先打破沉寂。

于是王总监介绍了事件的经过：H客户属于新开发的美洲客户，经过一年多的跟踪联系，终于在上上个月下了十五万套的订单，按合同 50 天交货，但是有五万套无法按期交货。客户一气之下终止了合同，剩下没发货的五万套也不要了，还要追究公司三十多万美金违约金。虽然在业务部与董事长的直接协调下，违约事件得到平息，但仍增加了空运成本 15 万美金。

于是大家从业务部开始，都来找原因。

业务部讲订单还在意向型阶段，已经用邮件知会了相关部门做好预准备，在合同签订后的当天业务部就把出货计划表下发给了 PMC 部、进出口部。

PMC 部说第二天就组织编制了物料需求计划表及生产计划表，并召开了生产协调会，根据物料需求计划表，将物料采购计划分解出来了。

采购部说因采购经理出差耽误了三天，待采购计划审核好后，交给老板审核单价又花去了一个星期。但我们还是按时将材料采购回来了。

生产部门主管说，你们采购部确实是在生产前将材料采购回来了，但是电线达不到外观与绝缘等级标准，我们投入了大量人力去挑选，也才挑了 20% 能用。害得我们赶计划交期，全部只做了半成品，连车间厕所都堆满了无处放。等到要交货了，电线还没回来，延误交期怎么能怪我们？

采购部说电线是差了点，我们也向老板反映过，但按客户标准采购供应商要涨价，老板不批啊。等到电线出现问题了，我们的报告还一直压在老板那里，我们也没办法呀！

追究来追究去，最后大家一致认为，造成延误的原因是老板没有及时审批报价单，导致了不能按时生产，按期交货。

董事长坐在那里听他们七嘴八舌讨论，额上青筋直冒，最后竟拂袖而去。

上边案例的问题，相信很多企业都不同程度地存在，从这里大约可以了解到如果不做岗位分析，企业会产生很多意想不到、千奇百怪的混乱，下面，我们不妨对前述的问题进行简单分析，并以此来初步阐述岗位分析的重要性。

（1）"多头指令"是很多企业的通病，总经理做了经理的事，经理做了主管的事，主管做了员工的事，这是典型的职责不清晰造成的，如果你的企业出现这种情形，就需要开展岗位分析，修改职务说明书了。

（2）助理的工作职责之一是协助主管处理部门事务，当然也包括统计生产计划达成率，这在职务说明书中都有描述，但为什么助理陈锋不认为是他的职责呢？因为这项工作平时由主管兼带了，并且职务说明书也放在办公柜中，陈锋并不了解工作内容，也没有看到过职务说明书。所以，职务说明书的应用才是岗位分析的目的。

（3）都是"老板的责任"，典型的每个岗位的责任都没有落到实处，看似都有责任，又都没有责任。没有把岗位分析的结果运用到绩效考核中，造成有布置没监督，有监督没追责。

（4）岗位分析工作是人力资源管理中最基础的工作，一个企业如果出现员工对自己的职责不清晰，不知道自己该做哪些工作，出现互相扯皮推诿，甚至连职务名称都混乱不清的时候，这就必须要做岗位分析，对各类性质、特征、工作任务、职责权限、岗位关系等做统一规定。

02 岗位分析的作用

一、岗位分析的作用

1. 岗位分析的内涵

岗位分析是现代人力资源管理体系建设中一项重要的基础工作，是人力资源管理与开发的基石。它是一种系统的应用方法，收集、确认组织中职位的定位，目标、工作内容、职责与权限工作关系、业绩标准、人员素质要求等基本因素的过程。岗位分析的结果即形成职务说明书，它最核心的内容包括岗位说明和任职资格描述两部分。

（1）岗位分析的内涵

① 岗位分析是从岗位出发，分析的是岗位，而不是岗位上的人。

② 岗位分析得到的基本信息是：什么样的人适合该岗位，亦即人岗匹配问题。

③ 岗位分析应找出完成该岗位工作任务所需的外部条件，协调关系等。

④ 岗位分析的三大核心分析：

- 对岗位、部门、组织结构分析：包括岗位名称，岗位工作内容，工作量，相互关系与组织架构、部门设置、部门职能等。
- 对工作内容与岗位需求分析：包括工作程序、规则，工作环境，使用设备、工具等。
- 对任职者的分析：包括性别、年龄、知识、技能特质等。

（2）岗位分析的特点

① 岗位分析是确定和界定岗位基本特征的活动。

② 岗位分析是应用各种科学方法，收集与工作有关的信息，以及任职者的信息，并对这些信息进行数据处理的过程。

③ 岗位分析的结果就是工作描述与工作规范。

2. 岗位分析在人力资源管理中的运用

（1）在人力资源规划方面

制定适合企业发展人力资源规划，就必须对企业的人力资源及现状有充分认知，包括组织结构的部门设置，组织中有哪些工作任务，需要设置多少个岗位，各个职位的跨度是否符合管理需要，各个职位的权限，以及各职位的相互关系，组织中的人员年龄结构、性别结构、知识结构、技能水平结构等。这些是我们制订人力资源预测与需求计划所必要的。

（2）在人员的招聘与选拔方面

企业在发展过程中，因业务的扩大，员工自身原因导致流失与短缺，就必须招聘补充新的人员。招聘人员如何才能招聘到合适的人员？岗位分析就可以提供职位的任职资格要求，从而为招募、选拔决策提供依据，有效提高提出人员甄选的效率和可信度；降低组织的用人风险，避免招聘、选择的盲目性、随意性。

（3）在培训与开发体系建设方面

培训是指组织为了实现自身的发展目标，有计划地针对岗位任职者进行训练，使岗位任职者的知识、技能、态度等符合岗位要求，并能胜任岗位工作的活动。它的目的是让员工学习到工作需要的某种知识或者技能与素质。岗位分析明确说明了岗位任职者所需要的技能、知识和素质。这样就能有针对性地设计不同的培训方案，使组织培训做到了有的放矢，从而有利于提高培训的效率与效果。

（4）在绩效考核方面

绩效考核通常称为业绩考评或"考绩"，是指对企业岗位任职者所承担的工作目标（绩效标准）与实际工作的结果进行比较。它的目的是通过考核和评价，提高员工的工作效率，从而实现组织目标。而岗位分析所形成的"职务说明书"则描述了工作的目的、工作内容、工作标准、工作职责和任职要求等。进而帮助评估人员能客观、公正地对员工进行考核、评价，做到有据可依。同时明确的绩效标准为任职者树立起一个标杆，使其看清标准与自己工作实绩的差距，从而改进自己的工作，提高工作绩效。

（5）在薪酬管理方面

薪酬的管理，就是要建立公平合理的薪酬体系，它表现为两个方面的公平：一是对内公平，各岗位之间职责大小，复杂度、重要度、难易度，岗位的任职资格必须与岗位的付酬相适应。二是对外公平，岗位的付酬水平与社会同行业、同区域的岗位付酬相适应。通过岗位评价可以对各岗位的性质、责任大小、劳动强度、劳动环境、所需任职资格等特性进行评价，确立岗位的相对价值，如一名招聘文员与一名业务员，谁的价值更大？谁应该获得更好的报酬，这就需要进行岗位评价，进行定量分析并得出一个相对量值，来体现岗位价值。而岗位分析则是岗位评价的基础，所以也是薪酬体系建立的基础。通过岗位分析与岗位评价，可以优化企业的工资结构，提高报酬的内部公平性。

> **小贴士** Human Resources
>
> 岗位分析的结果运用在人力资源管理的方方面面。无论作为一个资深的 HR，还是一个人力资源的初学者都必须掌握岗位分析的技术，并应用于实际工作中。

3. 岗位分析的作用

（1）岗位分析对人力资源规划的作用

人力资源规划的核心工作是人力的需求与供给预测。在运用人力资源信息库法、管理人员接替图表法，以及马尔可夫模型等人力资源需求预测的方法时，都离不开岗位层级关系、晋升与转换关系。既要满足岗位人数的需求，又要满足岗位任职者质量的需求。这些恰好是职务说明书的工作描述与任职资格条件中应该规定的。

（2）岗位分析时对招聘选拔、录用的作用

职务说明书中的必备内容：岗位任职资格条件是招聘工作的基础，既为应聘者提供了真实的、可靠的岗位工作职责、工作内容、工作要求和岗位任职者的资格条件，又为招聘者提供了客观的选择依据，提高了选择的效率、人岗的适合度，降低了面试与录用成本。

（3）岗位分析对员工满意度的作用

员工对工作的满意主要取决于员工对工作特征、工作环境、同事关系等现状的看法。国内外很多研究显示，只有员工满意，才能带来客户满意。一个整天抱怨的人生产效率一定不高，并且流动性也高。职务说明书明确界定了工作的职责、职权范围，梳理了组织结构，工作与业务流程，明确了工作标准与要求，避免了企业与员工因工作内容、职责不清产生的争议，也避免了员工之间因职责不清产生的抱怨，和谐了员工关系，改善了劳资关系。

（4）岗位分析对员工培训的作用

培训的目的就是使任职者现实的状况达到职务说明书规定的应有的状况。因此岗位分析的说明列出的所需的职务、责任与资格，在指导培训上有很大价值。所以，这是我们很多企业将职务说明书作为培训教材的原因之一。使员工在培训中学到的知识技能与将来工作实际应用相一致，从而大大降低培训与发展费用。

（5）岗位分析对企业标准化管理的作用

现代企业管理实践表明：没有严格科学的管理，企业一定是走不远的。岗位分析通过对岗位客观数据和主观数据分析，揭示整个劳动过程中的现象和本质之间的关系，建立企业的标准化体系，使各种管理科学化、标准化。

（6）岗位分析对绩效考核的作用

绩效考核是将员工的实际绩效与组织的目标做比较。岗位分析所建立的职务说明书中的"岗位关键业绩指标"指明了考核的内容，同时也使任职者明确了岗位的绩效标准，指出了努力的方向。职务说明书中"工作关系"这一项目，还清晰地指明了考核的主体，谁是考核者与谁是被考核者，明确了汇报、指导、监督的关系。

（7）岗位分析对建立薪酬体系的作用

公正、合理、科学的薪酬制度，以及"按劳分配，多劳多得"的分配思想，是企业激励的"正能量"。而各岗位薪酬公平建立在岗位价值的基础上，如何科学地评估岗位价值，就必须先对岗位评价，而岗位分析恰恰是岗位评价的基础。

（8）岗位分析对提高现代社会生产力的需要

社会生产力的提高表现为两个方面：一是生产效率提高，二是生产质量提高。

提高生产效率与生产质量，关键在于工作程序的流畅、生产工艺的合理、明确的工作标准与要求、和谐的相互协作关系，让每个人做自己最适合的工作，最愿意做的工作，以达到最好的工作效果。而这些必须是以岗位分析为前提的。

（9）岗位分析是组织变革与创新的重要手段

在现代日趋激烈的市场经济条件下，需要不断地开拓市场，不断地创新思想、创新模式、创新工作，打破和超越传统的组织工作内容。这就要求管理者通过岗位分析不断地对工作内容、工作标准、任职条件等进行改造，建立新的职务说明书、岗位规范、工作程序以适应组织不断变革、创新的步伐。对企业有效控制，确保组织目标的实现。

4. 岗位分析的目的

（1）重新梳理工作流程，对岗位进行再设计。

（2）明确工作职责与招聘人才。

（3）加强薪酬与绩效管理。

5. 岗位分析主体与职责

（1）岗位分析的主体

岗位分析是指对组织中各工作岗位进行分析，并制定工作说明书、岗位规范等一系列工作。岗位分析前也还需要对组织结构、工作流程等进行梳理，因此必须得到组织中的高层管理者，中层管理者，岗位任职者，岗位任职者同事、主管，岗位分析人员，客户、供应商、咨询顾问（专家）等的支持与配合。因此，岗位分析时就需要成立一个岗位分析领导小组，其组织结构如下图：

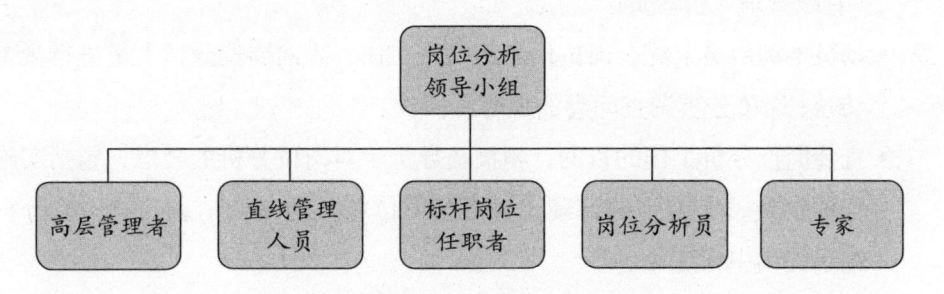

图 2-1 岗位分析领导小组结构图

高层管理者：一般由总经理担任；

直线经理人：一般由各部主管担任；

标杆岗位任职者：一般由岗位分析委员会选择；

岗位分析人员：一般由 HR 部人员选任；

专家：一般外聘咨询公司岗位分析方面的管理咨询师。

（2）岗位分析领导小组职责

① 岗位分析领导小组职责

• 根据组织发展的状况，倡导工作分析的必要性。发布相关政策，指示。

- 解决岗位分析中发现的问题与冲突。
- 协调各部门之间的关系,以及岗位分析中人力、物力、时间、工作计划的安排、实施。
- 岗位分析成果的验收。
- 对岗位分析人员的培训与指导。
- 内部专家与外部专家的选择与任命,以及组织召开"岗位分析"工作会议,"职务说明书"的审核。

② 高层管理者
- 任职"岗位分析领导小组"组长,协调"岗位分析领导小组"与各部门主管、HR、任职者的关系。
- 动员全体员工配合"岗位分析领导小组"的工作。
- 作为"岗位分析领导小组"一员,在岗位分析过程中提供持续支持。
- 负责与工会或员工代表的沟通与谈判,取得他们对岗位分析结果的认同。

③ 直线管理人员职责
- 动员本部门员工配合岗位信息的调查工作,协助岗位分析人员进行员工访谈;岗位分析调查问卷的填写、回收。
- 宣传岗位分析工作的目的,积极疏导员工对岗位分析的疑虑,包括实施前的动员,实施中的答疑,核对与岗位相关的一切信息,对岗位分析结果提出中肯建议。
- 协助岗位分析人员编制本部门"职务说明书"初稿,以及参与对"职务说明书"提出审核意见。

④ 岗位分析人员(一般由 HR 部门人员与岗位领导小组指定的有专业知识与经验的人员担任)
- 根据岗位分析的目的和预期,开发信息收集方法,以最有效方法获得所需信息。
- 对直线管理人员,任职者进行岗位分析相关知识与方法的培训。
- 制订岗位分析的实施方案,并按照工作计划执行。
- 在岗位调查阶段,收集数据、信息,分析信息。对信息收集过程中的问题,及时与直线管理人员、岗位任职者进行沟通,确认。

- 编制"职务说明书"初稿，参与对"职务说明书"的审核。

⑤ 专家的职责
- 协助 HR 部门，制订岗位分析实施方案，并对岗位分析过程中的技术问题提供支持。
- 设计相关工具（如表单、岗位分析调查表、访谈题纲等）。
- 对岗位分析人员提供信息收集分析方法、信息收集范围、信息分析，以及如何编制"职务说明书"等方面的技术培训。
- 参与对"职务说明书"的审核。

⑥ 岗位任职者的职责
- 如实回答岗位分析人员的访谈及岗位分析调查问卷的正确填写。
- 配合岗位分析人员提供详尽的岗位信息。
- 参与"职务说明书"草案的制定，并对"职务说明书"是否符合实际情况及合理性提出意见。

> **小贴士 Human Resources**　岗位分析工作跟其他工作一样，除需要组织保障外，最大的难关还在于得到公司高层的支持、中层的配合、员工的积极参与。

6. 岗位分析的常用术语

岗位分析经常会涉及一些专业的术语，如工作要素、工作任务、工作职责、工作职务、工作职业等。要想做好岗位分析，必须对这些术语的含义有清晰的了解：

（1）工作要素：指工作活动中不能再分解的最小动作单位，如打字员在打前的打开电脑开关的行为。

（2）任务：是指完成岗位职责（或为达到某种工作目的）而开展的一系列活动。如人事人员将人事资料录入计算机这个任务，它是由打开电脑，打开人事录入系统，在电脑中拼出字、词，检查、修改错误，点击确认等工作要素组成。

（3）岗位：是指组织结构中的最小单位。一定的时间内，某一名员工承担一系列相同或相近的任务时，一个工作岗位就产生了。

（4）职责：是指员工在岗位上完成某项或多项工作任务，这是职务与责任的统一。如人资专员的职责之一是进行工资调查，它是由设计调查问卷、发放问卷、分析、整理结果、反馈等一系列任务组成。

（5）职务：即一组责任重要程度相似的职位。一种职务可以有多少职位，如助理职务可以有人事助理、业务助理、行政助理等。

（6）职位：一定时期内，组织要求员工完成一项至多项责任。职位与员工是一一匹配的，也就是说有多少个职位就有多少个员工。如培训主管、生产主管、采购主管等。

（7）职业：在不同组织、不同时间，从事相似活动的一系列工作的总称。如教师、农民、会计等。

（8）职系：也叫工作族，是由二个或二个以上的有相似特点的工作组成。如人事行政、工程技术等。

（9）职级：同一职系中责任大小，难易程度，任职资格条件相似或相近的职位集合。

（10）职等：指工作性质、职务不同，但责任大小、难易程序、任职资格、条件相似的所有职位的集合。

第3章
岗位分析的内容与前提

岗位分析的内容包含哪些方面
如何编写岗位分析的培训教材
岗位分析前应做哪些准备工作
组织结构分析有哪些主要步骤
如何进行组织分析与结构调查
如何进行组织结构优化与创新
企业工作流程分析步骤有哪些
如何进行工作流程优化与调整
如何检查岗位设置的是否合理
组织任务与岗位任务区别联系

岗位分析工作开展之前只得到上层的支持是远远不够的，必须使中、下层的员工，特别是执行层面的员工要对工作理解、知道怎么做，愿意这么做才是主要的，才能使目标与计划落实、接地。因此，对直线管理人员、分析人员（HR等）、标杆岗位任职者的培训尤为重要。

01 岗位分析内容

一、岗位分析的概述

岗位分析是人力资源管理活动中基础的工作，是对各类工作岗位的性质、任务、职责、权限、岗位关系、劳动条件、劳动环境，以及岗位任职者承担本岗位任务所具备的资格条件进行深入系统的研究，以便为确定人才选拔标准，培训计划制订，人、机、物、料的协调配合，工作流程优化等奠定基础，从而达到"人尽其才、人得其事、人事相宜"地完成组织目标。

二、岗位分析的内容

在企业中，每一个工作岗位都有它的名称、工作条件、工作地点、工作范围、工作对象以及所使用的工作资料，岗位分析包括了三个方面的内容：

（1）通过对工作岗位的调查研究。对岗位存在的时间、空间范围进行科学界定，然后对岗位内在活动的内容进行系统的分析，包括：

① 岗位名称：即从事的是什么岗位；

② 岗位职责

• 岗位工作内容；

- 任职者为完成职责而开展的一系列的工作活动；
- 应达到的岗位目标；
- 岗位工作绩效标准。

③ 岗位权限：企业根据岗位所要完成的任务，按照权责对等的原则，赋予岗位任职者相对应的权力。

④ 工作流程：如何从事该项工作，或者是从事该项工作的路径与方式。

⑤ 岗位工作时间安排

- 标准工作时间安排；
- 负责该项工作的周、月、年度安排。

⑥ 岗位环境：包括自然环境和企业人文环境两方面。

- 自然环境：包括位置，工作场合温度、湿度，安全设施等；
- 人文环境：包括协作氛围、学习氛围、文化氛围等。

⑦ 岗位工作关系：是指该岗位与其他岗位，以及企业外部组织之间的相互关系，主要包括：

- 纵向工作关系：即需要向其请示报告的对象，包括上级或外部组织；
- 横向工作关系：即需要向其沟通的岗位、部门或外部组织。

（2）岗位工作人员必备的资格与条件

在界定了岗位工作范围和工作内容以后，应根据岗位的特点，明确岗位对任职者的素质要求，提出任职者应具备的诸如知识水平、工作经验、道德标准、心理素质、身体状况等方面的资格和条件，包括：

① 身体素质：包括身高、体重、传染病、力量大小等健康因素。

② 知识水平：包括学历、专业、专项培训、职业等条件。

③ 技能水平：包括工作经历、案例、语言、IT、职称、资格证书等要求。

④ 个性特质：包括性格、个人爱好、价值取向等方面。

⑤ 其他能力：领导能力、逻辑思维能力、统筹规划能力、演讲能力、沟通能力、创新能力等。

（3）岗位人事文件：即将上述岗位分析的研究成果，按照一定的程序、格式、标准化，以文字和图表等形式加以描述，形成"职务说明书""工作流程""岗位规范"等人事文件。

> **小贴士** 我们一般在做岗位分析时，只注意岗位性质与工作任务、岗位工作人员必备的资格与条件这些内容，而忽略对岗位人事文件形成的标准化管理。造成格式、文字、图表、编号等五花八门，降低了人事文件的权威性。

02 岗位分析的前提

岗位分析就是通过对岗位调查和工作写实，对企业内各类岗位的性质、任务、职责、劳动条件和环境，以及任职者承担本岗位工作应具备的资格条件进行系统的描述、分析和研究的一门技术。它是从"事"出发，设置岗位、建立流程来落实企业战略与目标。因此就需要厘清"事"的同时，并考虑人的匹配程度。所以在岗位分析之前对组织结构，业务流程，岗位体系的科学、合理性进行分析。

一、组织分析

1. 组织的概念

为了有效地配置内部资源和开展活动，实现一定的共同目标而按照一定的规则、程序所构成的一种权责结构的安排和人员协作关系，其目的就是以最高的效率实现目标。正式的组织它有明确的目标、任务、结构、职能，以及由此决定的成员间的责权关系，对组织内个人具有某种程度的强制性。

2. 组织结构

岗位是组织结构中的最小单位，任何一个岗位都存在于组织之中，没有游离于组织之外的岗位存在，而岗位的职责与权限与其所处的组织也有着密不可分的联系。要明确组织中各岗位之间的关系和岗位职责，就必须先明确组织与岗位的关系。因此，在岗位分析前首先应对组织结构进行探讨，避免盲目地进行岗位分析。

（1）组织结构分析的内容

在对组织结构进行分析时，主要从以下几方面内容着手：

① 组织的目标

在确定了组织的战略（做什么？）后，组织要想做大做强，就一定要明确组织的发展目标（做多大、多强，达到什么高度），只有在明确的组织目标指引下，岗位分析才能有的放矢。

② 组织的成长

组织的发展一般都会经历"独木舟"→"龙舟"→"轮船"→"航母"的各个阶段，每个阶段都有自己的任务与目标。因此，岗位分析时必须清楚企业当下的发展阶段，还要具有一定的前瞻性。

③ 组织的稳定性

处于生存期（初创期）的企业，组织极不稳定；处于上升期（发展期）的企业，组织就趋于稳定；处于稳固期的企业，组织就相对稳定。因此，组织的稳定性影响着岗位分析工作的开展。

④ 组织的简单性

组织设计应本着精简与效率的原则。组织的管理机构只有精干简明，才能以一当十，提高效率。对组织没用的岗位一定要撤消，对组织作用不大的该合并就合并。如果机构臃肿、层次繁多，必然导致人浮于事，效率低下。

⑤ 组织的弹性

因组织随时处于内外部环境的变化之中，因此组织结构的设计必须适应市场技术等的变化，使组织结构具有一定弹性。

⑥ 组织的均衡性

不论在进行组织设计，还是组织分析，均需要考虑组织的层级、管理的跨度，还要考虑部门之间的工作关系，职责应分配合理。以免产生职责不均、工作量不均，如有的部门忙得要死，有的部门闲得要命的现象。

⑦ 指挥的统一性

统一指挥的原则就是组织中每一位下属就应当有一个，并且只能有一个上级主管，向一个人直接汇报工作，形成一条清晰的指挥链。否则政出多门，指挥不统一就会使下属无所适从。

⑧ 权责明确化

有分工，就意味着明确了职务，有了职务就要承担责任，有了责任就要有与职务和责任相等的权力。这就是职、责、权、利对应原则。只有这样才能让下属工作积极、主动，有效履行责任。

⑨ 其他

- 企业的各项作业必须程序化、标准化、制度化；
- 企业内部各部门之间的关系应结构化；
- 主要产品和市场：组织的主要产品、服务、技术、市场、顾客、竞争者，其他内外部环境因素等。

（2）组织结构分析的步骤

组织结构分析就是对企业内各个部门的职能责、权限，部门之间的关系进行界定和描述的过程，实施步骤如下：

① 向各部门发放《组织分析调查表》，要求各部门根据企业的战略与目标，结合部门的实际情况填写，尽量做到详细、完整。

表 3-1　组织分析调查表

```
您所在部门：_____        岗位：_____
您的职务：_____   高层管理（  ）中层管理（  ）基层管理（  ）员工（  ）
说明：该调查表由企业的部门主管，与经确认的标杆岗位的任职者填写，每个问题只能填写一个维度号（或 A 或 B 或 C 或 D），填"D"的还需给予说明。
1.您认为公司现在的组织结构的设置是否合理？（  ）
  A 非常合理    B 比较合理    C 一般合理    D 不合理
  不合理在哪个层级或岗位：_____。
2.您认为公司现在组织结构设置精干程度如何？（  ）
  A 非常精干    B 比较精干    C 一般精干    D 不精干
  不精干表现在哪个层级或部门：_____。
3.您认为公司的组织结构的管理幅度是否合理？（  ）
  A 非常合理    B 比较合理    C 一般合理    D 不合理
  不合理在哪些部门与岗位：_____。
```

续表

4. 您认为公司的岗位名称是否标准？（　　）
A 非常标准　　　B 比较标准　　　C 一般标准　　　D 不标准
不统一表现在哪些职务与岗位：_____。

5. 您认为公司的岗位设置是否合理？（　　）
A 非常合理　　　B 比较合理　　　C 一般合理　　　D 不合理
不合理在哪些部门与岗位：_____。

6. 您认为公司的各级管理人员的配置是否合理、精干、有效？（　　）
A 非常合理、精干、有效　　　　B 比较合理、精干、有效
C 一般合理、精干、有效　　　　D 不合理、精干、有效
不合理、精干、有效的层级表现为：_____。

7. 您认为公司各部门的职能划分是否合理？（　　）
A 非常合理　　　B 比较合理　　　C 一般合理　　　D 不合理
不合理表现在哪些部门：_____。

8. 您认为公司的各岗位职责是否清晰？（　　）
不清晰表现在哪些岗位：_____。

9. 您认为公司的各岗位职责是否有重叠或遗漏？（　　）
A 无重叠或遗漏　　　　　　　B 次要职责有重叠或遗漏
C 主要职责有重叠或遗漏
主要职责重叠或遗漏的表现为：_____。

10. 您认为公司各组织的权限划分是否合理？（　　）
A 非常合理　　　B 比较合理　　　C 一般合理　　　D 不合理
不合理的职务是：_____。

11. 您认为公司各组织的权限划分是否与职责对应？（　　）
A 非常对应　　　B 比较对应　　　C 一般对应　　　D 不对应
不对应的职务或岗位是：_____。

12. 您认为公司或部门的业绩指标是否跟目标一致？（　　）
A 非常一致　　　　　　　　　B 比较一致
C 有少量不一致　　　　　　　D 多数不一致
多数不一致的业绩指标是：_____。

13. 您认为公司或部门目前的绩效指标是否切实可行？（　　）
A 非常可行　　　B 比较可行　　　C 有部分可行　　　D 不可行
不可行的岗位与绩效指标是：_____。

14. 您认为公司的各类指令下达是否通畅？（　　）
A 非常顺畅　　　　　　　　　B 比较顺畅
C 有些节点不顺畅　　　　　　D 都不顺畅
都不顺畅的管理节点在什么地方：_____。

续表

15. 您认为公司的业务流程是否科学合理：（　　） 　A 非常合理　　　B 比较合理　　　C 有些不合理　　D 不合理 　不合理的业务流程有哪些：_____。 16. 您认为公司的管理流程是否能提高工作效率与服务质量？（　　） 　A 非常有效　　　B 比较有效　　　C 大部分有效　　D 少部分有效 　少部分有效的流程有哪些：_____。 17. 您认为公司的岗位分工是否合理？（　　） 　A 非常合理　　　　　　　　　B 比较合理 　C 个别岗位不合理　　　　　　D 大部分岗位不合理 　不合理的岗位分工表现在：_____。 18. 您认为公司岗位之间的分工与协作关系是否清晰？（　　） 　A 非常清晰　　　　　　　　　B 比较清晰 　C 个别岗位不清晰　　　　　　D 大部分不清晰 　大部分不清晰的与协作关系点是：_____。 19. 您认为公司的组织结构说明书对于部门的外部关系描述是否清晰？（　　） 　A 非常清晰　　　B 比较清晰　　　C 个别不清晰　　D 大部分不清晰 　大部分不清晰的描述是：_____。 填写人：_____　填写人上级主管审核：_____　部门最高主管审核：_____

② 各部门将填好的调查表交给各自的上级主管或岗位。由上级主管部门根据该组织应承担的责任认真审核、确认。

③ 岗位分析小组根据标准格式要求形成组织职责与结构说明书的初稿。

④ 岗位分析小组将各组织修改完成的职责与结构说明书收齐审核、修订、检查形成正式文本。

> **小贴士 Human Resources**　在发放"组织分析调整表"前，人力资源部必须就组织调整的目的与员工做充分沟通，还要就每个问题含义的维度、答案要点进行细致的说明，才能保证回收的调查表的有效性。

3. 组织结构的优化与创新

随着中国经济全球化步伐的加快，现在的市场、环境、人才、资源都发生了巨大的变化，组织结构必须适应企业快速发展的需要。组织设计的超越或严重滞后于现实，都是组织设计的失败，因此企业就需要不断地优化组织结构，并勇于创新、调整功能、创造利润。

（1）组织结构设计与优化的原则

什么样的组织是科学的、合理的？组织结构是否与战略目标相匹配？我们在组织设计时应遵循以下原则：

① 谨慎的原则。组织设计是企业管理的一项重要工作，是牵一发而动全身的大事，任何操之过急的做法都要支付昂贵的学费。因此企业组织结构调整必须因产品、技术、业务的变化谨慎调整，避免不断变化，业务失去重心，使核心人才流失带来组织阵痛。

② 分析的原则。任何组织优化都要建立在企业对内外部资源、环境和对未来趋势的科学预测和把握的基础之上。不明的行业发展趋势，自己的优势、劣势，未来企业的目标不明确以及竞争对手策略进行组织结构调整都是临时的，无的放矢。

③ 专业的原则。组织设计是一项专门的技术，需要专业的知识与技能，应清楚地知道不同组织类型的优势给企业带来的影响。

④ 流程原则。组织结构的设计必须根据企业的战略目标按工作性质来划分职能类别，通过组织设计与优化使人流、物流、资金流、信息流、管理流充分契合。

⑤ 集中原则。任何企业的发展都有明确的战略方向。一旦企业确立了战略与目标，组织结构就要突出重点，保证重点，集中资源，维持企业的核心技能和关键技术的发展，从而保证企业核心竞争力。

（2）如何优化组织结构

① 确定组织的核心战略、核心业务，定位组织核心功能。

② 明确企业内部各部门的管理职能、责任、任务与标准。

③ 清晰、明确地规范企业内部组织的分工、协作关系与工作权限。

④ 实现企业业务流程（制造流程、管理流程、服务流程、财务流程、信息流程等）制度化。

⑤ 用关键指标来衡量组织的价值创造。

> **小贴士** 组织结构的创新方向，是从多层级的组织结构特征向扁平化、无边界的自组织结构特征的方向发展，以适应信息化时代的信息流通快、透明度大的时代潮流。

二、流程分析

企业的管理要面向流程化管理的方向，指的是整体全局的最优而不是单个的环节或作业任务最优。流程的管理就是建立控制程序、工作规则、加强过程管理，保证每个人发挥工作潜能与责任心，取得好的工作结果。

1. 流程的分类

企业的业务流程是一个企业进行生产和提供服务的生命线。业务流程的合理直接关系到企业的管理是否顺畅，企业的效率高低，与企业的赢利能力按过程管理要求，业务流程分为以下几类。

（1）核心流程：是企业业务操作的核心，直接涉及企业服务对象是价值键中的主要活动。

（2）支持流程：为企业核心流程提供服务和支持的活动，常常为内部客户服务。

（3）网络流程：超出内部组织边界的流程，如供应商、顾客、合作伙伴等。

（4）管理流程：是企业的计划、组织、资源管理等一系列活动。它为企业核心流程提供一个良好的组织运行环境。

因此，对企业流程的分析，首先，重点关注企业内在的核心因素；其次，控制组织间的业务流程；最后，优化上重视与组织的改进和组织变革相结合。

2. 业务流程分析的步骤

业务流程分析是业务流程调整与优化的前提工作。通过对业务流程各项活动的分析，经过清理、简化、整合和自动化，改进流程，减少无价值的活动，调整核心增值活动，从而使企业的效率提升，效率增加。业务流程分析一般从以下几个方面进行：

（1）战略目标的研讨、厘清、确定。企业的发展战略是制定业务流程的方向，只有获得明确的企业战略目标，才能制定符合战略要求的流程。

（2）现状的分析。就是对涉及宏观的形势分析，行业趋势分析与预测，企业内部分析来获得主要资源和信息。

（3）编制现状分析报告。就是对获得的相关信息和资源进行分析、研究，并与企业相关人员座谈、沟通形成企业现状分析报告。

（4）提出改进与优化方案。针对企业流程存在的问题，不合理的方面提出改进与优化方案，以及方案的实施计划、措施。

（5）培训实施。通过验证的方案还需要对相关人员进行培训，以便方案能够全面落实。

（6）实施反馈。对方案的实施过程进行管理，及时反馈、改善，以使流程达到更优化。

3. 业务流程的优化与调整

企业业务流程的优化与调整就是对原有的业务流程缺失的方面，不合理的方面进行重新设计及安排企业整个生产、服务和经营过程使之合理化、标准化、制度化。它不是把原来的流程全部打散重来，而是在原有业务流程上进行整合、延伸和方式的转变。它包括以下几个方面：

（1）原有业务流程本身的调整

通过对企业经营过程中全方位，每个环节的调整、研究和分析，对缺失的环节进行补充，对不必要的环节进行删除，对不合理的环节进行变革。

① 对现有的流程进行全面的功能与效率分析，发现存在的问题。

- 寻找现有流程中增加管理成本的主要原因，分析现存业务流程的功能、制约因素以及表现的关键问题。
- 根据市场、技术变化特点对照企业的现实情况，分清问题的轻重缓急，寻找流程再造的切入口。

- 根据行业发展趋势，及客户对产品服务的需求变化，对业务流程中的关键节点的重要性重新定位与排序。

② 新的业务流程改进方案的制订。在设计新的流程时，要对流程进行简化和优化。一是要将业务性质相似的多项业务合并。二是按业务流程的规律对流程的各个步骤进行自然排序。三是压缩管理层级，让"听见炮声的人"做决策。四是同一种工作流程允许有若干种进行方式。五是工作不应限制界限。六是减少事后的控制、调整工作，变为事前管理。七是改串行工程为并行工程。

③ 制订以流程改进为核心的业务流程重组方案。

④ 持续改善。业务流程的重组，必然会打破现有的利益格局，遇到的阻力可想而知。因此除了取得上层的支持，还必须精心组织，广泛征求意见，必要时取得工会与工会代表的支持，在企业内达成广泛的共识，才能保证业务流程重组的顺利进行。

（2）流程的延伸

流程的特点在于它的完整性。企业的流程既要关注内部客户（处于流程后端的岗位即前端岗位的客户），也要将流程延伸到企业外部客户（供应商、销售商、顾客）。企业可以从利益相关方（员工、客户、供应商、顾客等）得到有价值的信息，从而形成利益共同体。

（3）流程实现方式的转变。

流程方式转变也就是流程信息化。因此，流程优化时应充分利用信息技术，实现信息共享，加快流程速度，提高流程的准确性，提高工作效率，如很多企业推行的 MRP（Material Requirement Planning，物资需求计划）。

> **小贴士 Human Resources**
>
> 流程的方式转变是从集权命令链到去中心化。集权命令链是组织顶层到基层的职权线路，导致管理效率低下，影响信息的高速处理。去中心化的最终目标是个体的自我决策，以及个体与个体间的协同共建，从而成为组织扁平化的推动力量。小米科技即这方面的典型。

三、岗位体系分析

岗位是组织构成中最基本的单位，是企业生产、经营、管理活动中的细胞。岗位的有效运行才能保障企业管理活动的顺利开展。企业各项活动有序、有章、有效率地进行才能保障企业整体目标的实现。因此，岗位分析工作一定要在岗位明确的前提下才能开展，首先要了解公司的整个岗位体系构成，研究每个岗位在企业中所发挥的作用。不论企业组织变革还是企业正处于初创期，只要岗位还未确定就不适宜进行分析，即使获得了信息对企业也无任何价值。

1. 岗位

岗位是组织结构中不能再分割的最小单位。它有几个基本的特征：一是岗位是客观存在的，它是岗位分析的客体。二是岗位的设置是以"事"为中心。三是每个岗位必须按岗位任职资格条件去匹配任职者，才能实现岗位的目标。在每个企业中，岗位的固定是相对的，岗位的变化却是绝对的，但是不论岗位处于何种状态，它由以下五种要素组成：

（1）工作

工作是构成岗位的最基本的要素。它包括对工作内容、方法和要求等所做的规定。

（2）岗位任职者

所有的岗位都必须由人（岗位任职者）来担任。离开了岗位任职者岗位的工作就不能进行，整个企业经营活动就无法进行。

（3）职责

职责是指岗位为完成工作任务而尽到的责任，包括职责概要、内容、时间、职权等。岗位职责和工作任务、工作能力应尽量做到清晰化、量化。不能量化也要尽量细化。

（4）环境

这里的环境指的是岗位环境，是对当前岗位工作条件的概括，包括：工作地点、工作的危害性、工作的安全性、岗位名称、工作性质、直接上级、职位关系等。

（5）激励和约束机制

岗位通过任务、目标来对岗位任职者产生激励作用（包括达成目标的正激励和负激励手段），激发岗位任职者的积极性；岗位还通过职责、职权、业务流程、工作标准和要求等条件的规范，对岗位任职者进行约束，不使岗位任职者的行为脱离岗位范畴。所以对岗位任职者应激励与约束并举。

2. 如何检查岗位设置的合理性

岗位是我们进行岗位分析的对象，每个岗位都具有双重属性：一是自然属性，二是社会属性。如果岗位设置不合理，对岗位本身没有实际价值，对企业发展也没有实际价值，对我们要做的岗位分析也只是浪费人力、物力、财力和时间，同样没有实际价值。因此，在进行岗位分析之前一定要对现有岗位的合理性进行检查。

（1）岗位的设置是否符合系统化原则

系统化是岗位设置的最基本原则。所谓系统就是由若干既有区别又有联系的要素组成的有机综合。任何一个管理体系都是从企业的发展与目标战略来进行组织设计，再根据组织结构来进行职能分解，并对岗位系统进行检查。一个岗位在组织中是否合理，就是看对组织的存在和发展是否有利，这就是因事设岗的真谛。有利的就是合理的，不利的就应坚决取消。

（2）岗位的设置与岗位职责分配是否最优化。

岗位设置按照企业发展战略为导向，对企业的目标按照空间维度进行分解，一直落实到每个岗位，这样的岗位设计才是合理的。

（3）岗位设置的数量是否符合最低数量原则

岗位数量的设置以有效完成岗位的任务为标准，数量过多不仅会增加企业人力成本，还会增加岗位之间沟通的难度，从而产生人浮于事，扯皮推诿的现象。但人数也不能过少，过少岗位承载的工作量太大，不利于留人，还影响企业正常生产经营。

（4）岗位设置是否体现能级对应

一般来讲，岗位的功能等级高，所承担的职务就大，任务就大，难度也大，职责也重，反之则低。因此岗位分析应对每个岗位的功能进行分析，确定其在企业的能级。

（5）岗位设置是否符合统一命令原则

一个岗位只能有一个直接领导他的上级，不能出现多个领导。否则会使下属无所适从，这样的岗位就不具有合理性。本文中关于设置投诉电话的事例，就是一个不合理的现象。

综上所述，在做岗位分析前应综合考虑每个岗位的价值与合理性。如果不符合岗位设置的原则与要求，就需要整合，该撤的撤，该并的并，该增的增。

3. 如何进行任务分析

本文所讲的任务包括两个方面：一是组织任务；二是工作岗位的任务。因此，在进行岗位分析前必须明确组织任务和各岗位的任务，这是进行岗位分析的前提。

（1）组织任务

每个企业在进行组织结构设计时，不可能设置一个没有任何工作任务、工作职责的部门，每个部门一定有其特定的工作任务和职责。因此，我们在岗位分析前一定要明确每个组织的任务和工作目标。

（2）岗位工作任务

岗位的设置首先要考虑的是岗位存在的必要性，其次考虑岗位对组织的价值，也就是因事设岗。许多企业恰恰相反：如这个是老板的亲属，那就给个副厂长的职务吧。一没有工作技能，二没有才能，于是乎到处乱掺和、乱指挥，把企业搞得乌烟瘴气，这就是典型的因人设岗。

（3）任务分析的步骤

- 确认一项职务。
- 把职务分解成若干主要任务。
- 把每项任务分解成若干子任务。
- 确定所有任务和子任务。
- 确定完成每项任务和子任务所需的技能。

4. 组织结构、业务流程、岗位体系与岗位分析的关系

组织结构、业务流程、岗位体系从不同的侧面对企业进行分解，它是岗位分析的前提。通过对组织结构、业务流程、岗位体系的分解与调整可以为岗位分析提供相关的信息与数据，也为岗位分析指明了方向。

企业的发展战略决定了企业的业务流向。业务流向决定了企业的组织架构，即有什么样的业务流程就要求有什么样的组织结构与之匹配。而组织则由功能不同的很多岗位来构成，来完成组织任务和使命。岗位体系设置不合理将直接影响组织效能发挥，无法达成组织目标。同时组织又处于企业的每个业务流程的环节上，环节出问题，流程就不顺畅。

> **小贴士 Human Resources**
>
> 岗位体系的建立是岗位分析的基础。组织任务的大小，岗位设置的合理性，直接影响组织的运行顺畅。因此建议 HR 在组织分析与流程优化后，岗位分析前先建立岗位体系。

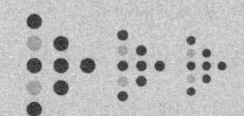

第4章
岗位分析的方法

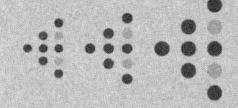

结构化问卷的方式有哪些

问卷调查优势及适应哪些企业与岗位

选择岗位分析方法时应考虑哪些因素

岗位工作分析实施的主要步骤有哪些

如何运用访谈技术进行岗位信息收集

岗位分析的成功与否跟岗位分析的方法有直接的关系，选择什么样的方法来收集岗位信息，什么样的岗位适合用哪样的方法都是很重要的因素。还有对岗位分析方法在岗位调查中的运用得当、技巧到位也有很高的要求。调查人员的专业知识、技能、技巧准备工作对信息的收集也是不可忽视的。结合本公司的现状，拟定了以下的实施步骤：

第一步，组织岗位分析人员培训，使他们掌握每种方法概念，调查技巧，调查提纲的熟练，以及岗位分析方法适应的岗位。

第二步，通过案例、模拟调查的实景，让岗位分析人员观摩他是如何进行岗位调查的，以此提升岗位分析人员专业水平。

第三步，帮助岗位分析人员整理，汇总调查记录，形成调查报告。

01 访谈法

访谈法又可称之为面谈法，是岗位分析中大量运用的一种方法。是访谈人员就某一岗位与访谈对象按事先拟定好的访谈提纲进行面对面的交流和讨论，以此来获得岗位信息的一种方法。一般来说应采取标准的形式，这样便于记录、归纳和比较，并限制在与工作有关的范围，当然随着科技的进步，又可辅之以录音（像）的方式以便整理记录时可以补充。

访谈的对象一般包括该岗位的任职者，该岗位任职者的主管，任职者的下属，与该岗位工作联系比较密切的内部工作人员、外部工作人员（客户、供应商、协作伙伴等）。

一、访谈法的形式

访谈法主要有个别员工访谈和集体访谈二种。

1. 个别员工访谈法

就是以单个员工为访谈对象，来收集岗位信息的方法。它一般适用工作差异比较大的岗位，且岗位分析的时间较充足。

2. 集体访谈法

就是将做相同工作或相近工作的员工，召集在一起将访谈提纲发给每个参与访谈的员工准备，而进行广泛讨论来收集岗位信息的方法。它适用工作性质相近的岗位，这样不仅节约时间，还能对岗位关系的了解更充分。

二、访谈法的技巧与注意事项

不管访谈的方案、提纲设计得多好、多合理、多科学，如果访谈的技巧运用不当，也无法保障访谈的效果，更别说收集到完整的岗位信息。因此，访谈的技巧就显得尤为重要。

1. 访谈的工作流程

（1）访谈的准备
- 准备好访谈提纲。
- 确定访谈对象：与所访问岗位任职者主管充分沟通，确定最能了解岗位职责，并具有一定理解和表述能力的人。
- 将访谈提纲提前发给访谈对象，以便了解访谈内容。
- 选择确定访谈地点，以及记录人。确认录音录像设备能正常使用。

（2）正式访谈技巧
- 营造一个轻松、愉快的访谈氛围，建立融洽的关系。
- 先与访谈对象谈一些感兴趣的事情，消除拘束感。
- 注意提问的语气、语速，并善于应用肢体语言来对被访谈者的回答给予问询、鼓励，同时引导问题的展开。

- 访谈者应专注访谈对象的回答，不能中途打断，要等访谈对象回答完毕后再询问。
- 控制谈话范围，温和的驾驭谈话，避免跑题。
- 控制好谈话进程与时间，发现遗漏或含糊之处，要请对方补充或问清。
- 注意访谈人员不要掺杂自己的主观意见和想法，应保持中立客观。

（3）结束访谈

- 面谈结束应对访谈对象进行感谢。
- 对于现场访谈记录，要与访谈对象沟通确认。
- 将最后经过整理的访谈记录反馈给访谈对象提意见，最终确认信息的真实性与完整性。
- 诚意邀请访谈对象有新的信息提供，随时与岗位分析小组联系。

> **小贴士 Human Resources**
> 访谈人的态度，也是决定访谈成功的因素之一。本着谦虚、诚恳、友好的心态去进行访谈，是对每个访谈者基本要求，有句话说得好：你心在微笑，那你的微笑一定会表现在面部表情上。

三、撰写访谈提纲

访谈提纲是对访谈内容或问题列出的一个大致的纲目。它是围绕信息任务、职责、任职条件等展开的，其形式也不是千篇一律的东西，应根据各企业的情况制定合适的访谈提纲。需要说明的是提纲语言应精明准确，通俗易懂，内容覆盖到岗位所有信息，问题应客观公正。

1. 通用访谈提纲（非结构化式）

- 请问您的姓名、部门、职务？
- 您的部门主管是谁？您的直接上级是谁？
- 您所在岗位的目标是什么？
- 您所在岗位的主要职责有哪些？

- 对于这些职责的执行过程中遇到的主要困难和问题是什么？
- 对于完成这些职责您认为做的好的有哪些？尚待改进的有哪些？
- 请您指出以上各项职责在工作总时间上所分配的比例有多少？
- 工作中容易出错的地方有哪些？这些错误对哪些岗位有影响？影响有多大？
- 您的主要权限有哪些？这些权限是否保障您工作职责？
- 您在工作中需要与哪些部门、哪些人员联系？联系的频繁度如何？
- 您认为跟你联系的部门与人员配合度如何？哪些需要改善？
- 部门（公司）经常从哪些方面对您进行工作绩效考核？您认为这些考核是否合理？有无改进建议？
- 您的哪些方面的工作绩效比较好？哪些方面比较差？
- 您认为要出色完成以上职责需要什么样的学历和专业背景？需要多久的岗位经验？外语与计算机方面有什么要求？
- 您的工作环境怎么样？有什么需要改善的？
- 您工作中有哪些导致不安全的因素？需要哪些防护措施？这些防护措施执行得如何？
- 您工作中使用哪些工具，设备来开展工作？使用频率如何？
- 一个新员工上岗，您觉得他大概需要多长时间才能胜任？
- 您参加过的企业培训有哪些？您认为这些培训项目是否合理？培训效果如何？您还需要补充哪些方面的知识或提升哪方面技能？
- 您的工作负荷如何？是否经常加班？哪个时间段较忙？
- 您工作中是否要求精力高度集中？您自己决策的机会有多大？

2. 记录表访谈提纲（结构化式）

（1）岗位基本信息
- 您的姓名、所属部门、岗位名称、岗位编号。
- 您的直接上级是谁？
- 同岗位任职的同事有哪些？

表 4-1　岗位基本信息记录表

岗位名称		岗位编号	
姓名		所属部门	
直接上级		直接下级	
访问对象		访问日期	

（2）岗位设置目的、工作目标。

- 设置该岗位的目的是？
- 该岗位的工作目标是？
- 该岗位的工作任务对公司的意义？

（3）岗位职责与权限

- 您所在岗位职责是什么？在该项职责中，分别需完成哪些内容？
- 您是否承担管理职责？若是，管理哪些部门或岗位？
- 您承担职责的重要性排序。
- 您承担职责或任务所消耗的时间在总工作时间中所占的比例？
- 除日常工作外，周、月、季、年还需承担的工作有哪些？
- 您如何协调岗位职责与其他岗位职责有交叉重叠部分？
- 衡量您工作好坏的标准是什么？
- 工作中您是否有独立决策权限？若有，主要包括哪些？

表 4-2　岗位职责、工作权限记录表

一、岗位职责					
岗位职责或任务	重要性	考核标准	耗费时间比	备注	
职责一					
职责二					
职责三					
……					
二、工作权限					
权限一						
权限二						
……						

（4）工作关系

- 为完成该岗位工作，您需要与公司内部哪些部门或岗位联系？联系的频率如何？
- 为完成该岗位工作，您需要与公司外部哪些部门联系？联系的频率如何？

表 4-3　工作关系记录表

内部关系	部门（岗位）	关系内容	联系频率	满意标准
内部工作关系				
外部工作关系				

（5）本岗位的管理与监督

- 该岗位工作接受谁的监督与管理？接受的程序如何？
- 该岗位的职责监督谁？

表 4-4　本岗位监督与管理程序、确认表

被管理与监督程度	监督与管理分类	确定（√）
经常性	任职者工作简单重复，处于明确、具体指导下	
一般性	任职者可以有计划安排，按程序工作但需不定期接受上级指导	
有限性	任职者按照目标、计划一定时间（月）的工作	
宏观性	任职者独立计划与实施自己工作，但在目标与方向上与上级的要求保持一致	
自主性	任职者自主确定工作目标，绩效标准，只需与其他人协调即可，不需征得上级意见	

（6）错误分析

- 您最易犯的错误有哪些？这些错误是观念上的还是操作上的？
- 这些错误常在哪些环节上发现？多久才能发现？谁能够发现？
- 纠正这些错误会存在哪些障碍？您希望上级给哪方面的帮助与支持？

表 4-5　错误分析记录表

产生错误的环节或工作活动	工作环境	产生原因	产生结果
防止失误发生，应注意的问题 1. 2. 3.			

（7）工作时间与工作状况

- 您的工作是否满负荷？
- 您工作中是否忙闲不均？忙时发生在哪个期间？
- 您是否经常出差？出差的时间多少？

表 4-6　工作时间与工作状况记录表

是否能按时上下班？	是□　　否□
所从事的否忙闲不均？	是□　　否□
若忙闲不均，最忙状况发生在哪段时间？	（　　）至（　　） （　　）至（　　）
是否经常出差？	是□　　否□
出差的时间占总工作时间的比重？	比重：＿＿＿％
工作负荷状况？	□超负荷　□饱满　□基本饱满　□不饱满

（8）工作使用设备与环境
- 您哪些活动中使用哪些设备、工具？使用的频率如何？
- 使用设备与工具需要哪些专门技术或资质？
- 您工作的环境如何？

表4-7　工作设备的使用与工作环境记录表

工作活动	使用设备或工具	使用频率	所需专业技术与资质	工作环境

（9）数据保密
- 您的工作是否需要对数据保密？保密等级如何？
- 您的工作保密对公司有无影响？影响程度如何？

表4-8　保密调查记录表

保密的内容	保密等级	对公司影响程度

（10）岗位任职条件、要求
- 您任职岗位需要的学历是哪个层级？
- 您任职的岗位是否需要职业资格证书？最低应达到哪个级别？
- 您任职岗位需要多长时间的岗位工作经验？
- 您任职岗位需要哪些专业知识与技能？举例说明？
- 您任职岗位需要进行哪些方面的知识或技能提升？
- 其他的能力要求有哪些

表 4-9　任职条件与要求记录表

要求内容		记录内容
基本要求	学历	
	工作经验	
	职业资格证书	
	专业知识和技能	
	所需培训	
能力要求	领导能力	
	计划组织能力	
	沟通协调能力	
	培养下属、激励下属能力	
	语言与书面表达能力	
	公关能力	
	谈判能力	
	执行能力	

（11）其他

- 您的岗位可以晋升的岗位有哪些？可以轮换的岗位有哪些？可以降级的岗位有哪些？
- 您的岗位遇到的最大挑战是什么？
- 您在与领导沟通中，主要讨论什么问题？有无障碍？
- 您在工作中作出过哪些重大决定或举措？若有，举例说明。
- 您最希望得到哪些方面的培训或指导？您认为培训应采取哪样的方式更合理？
- 在处理棘手的或重大问题时，您通常的做法是？

四、访谈法的优缺点及适用岗位

1.访谈法的优点及适用岗位：实践告诉我们，访谈法有其独特的优越性。比较灵活，控制性强，不仅可以获得语言类的信息，因面对面的交流，还能通过观察获得非语言类的行为信息，因此成功率较高，适用企业的所有岗位。

2. 访谈法的缺点：访谈法有其无比的优越性，但是也有其局限性。

（1）企业的岗位很多的话，就要花费巨大的人力、物力、时间、成本较高，代价较大。

（2）对访谈人员的素质要求比较高。因访谈人员的职务、专业知识，对公司的了解程度，价值倾向，以及访谈时的气氛营造，提问的语气态度，引导话语的技巧等，访谈技术的运用是否得当（常用的访谈技术有自我介绍技术、提问技术、倾听技术、回应技术、回答记录技术和其他技术等），都可能影响被访者的心理反应与变化，从而影响到问题回答的真实性。

（3）因访谈属于公开的行为，缺乏隐秘性，被谈者可能有顾虑，往往回避正面回答问题，或者不做真实的回答，这样就不能获得岗位真实的、全面的信息。

（4）不论访谈时采用速记的形式，还是录音的形式来记录访谈，访问完毕的都有一个整理、归纳的过程。这就要求岗位分析的时间不能太紧急。

> **小贴士 Human Resources**
> 不论是用结构化提纲的访谈，还是非结构化提纲的访谈，记录一直都是很困扰访谈者的事情。一个人边提问边记录，一容易漏记，二对访谈进度受影响；一个人提问，一个人记录又牵扯到配合问题。建议一个人访谈，用录音的方式，这样虽然增加了访谈完成后整理工作量，但是不易遗漏信息，值得注意的是要与员工事前沟通，取得理解，不然员工不明白录音的目的，不愿意说真话。

五、访谈技术的运用

访谈技术涉及的方面很多，一般常用的技术有营造气氛技术，自我介绍技术、提问技术、倾听技术、回应技术、记录技术等。运用好这些技术对访谈的顺利进行，获得岗位信息的真实性、有效性、完整性有着重要意义。

1. 营造气氛技术

第一，任何一次访谈的开始前，访谈者先要对被访谈者的个人简历有一个大概的了解，包括职务、性别、学历、专业、岗位任职经历，以及性格个性、爱好等这样才能找到话题的匣子。第二，访谈者要对访谈提纲很熟悉，并提前设计好提问的顺序，以免跑题或给被访者产生不专业的印象。第三，一定要选择好一个良好的访谈环境地点，不能太吵或经常被人打扰，中断谈话，并保持温度适宜，最好备有茶水等。

2. 自我介绍

人际的交流第一印象非常重要。访谈者在作自我介绍时既不能太强势，又不能过于谦卑。通过自我介绍，让访谈对象充分了解访谈的目的、意义，以及访谈者需要哪方面的信息，使彼此间的沟通顺畅、和谐。访谈者切忌强调自己的职务、职称，以及如何专业等。给访谈对象一种居高临下的样子，更要消融访谈对象的心理障碍，避免让访谈对象产生"裁人"或者"加任务"的误区，使员工产生恐惧心理。

3. 提问的关键点

提问前，要给被访谈者对此次谈话保密的承诺，并表示此次的谈话内容仅用于岗位分析，不作其他用处，也不会泄露给其他的人员（包括他的上级或同事）。提问时要因人而异，注意语速、口气，并给予对方适当思考的时间。对不明确的回答，适时追问，如您能补充一下吗？对被访谈者思维、表述迟钝时要进行启发式引导，如：根据我们的经验，这项工作应该是您的职责范围内，您认为呢？提问时要多以开放性问题为主，追问时多以封闭性问题为主。尽量不要常有过多的诱导性、暗示性的提问，以防限制被访者的思维；另外提问时的肢体语言也是不可忽略的，运用眼神、点头等给予被访者肯定。

4. 倾听的技术

倾听就是了解被访者的心声，根据被访者对问题的看法，表述来充分获得岗位信息。"听"有积极主动的"听"和消极被动的"听",积极主动的"听"就是要集中精力、全神贯注,要从语言上、眼神中、身体动作、面部微笑各方面与被访者产生良性互动。倾听还应遵循以下原则。

(1)不要轻易打断被访者的说话,不管被访者回答的问题正确与否,都不要轻易打断。如果被访者跑题太远,应先说声"对不起",然后再将话题引到访问提纲上。

(2)给予被访者思考时间。对有些问题,被访者一时拿不准怎么回答的,一定要给予思考的时间。如说声"不要紧,想想再说!"让被访者整理思路、组织语言,避免整个过程枯燥无味,但是切忌静默时间过长,造成双方无语的尴尬。

(3)避免选择性的倾听:由于访谈者的个人喜好、价值取向,往往对自己喜欢的人,熟悉的人就表现得沟通热情高;对不熟悉、陌生的或自己不喜欢的人就表现为不耐烦的,用套话敷衍。因此切忌以貌取人,以好恶取人。

5. 回应的技巧

访谈人员在与被访者沟通的过程中,都应对被访者的言行做出反应。常见的回答方式有:认可、重复、追问、控制、鼓励等。

"认可"就是对被访者的回答给予确认,首肯。

"重复"就是对被访者的回答不明确的地方或要点进行复述。

"追问"就是对被访者的回答的具体说明。如被访者:"我的工作就是为讲师提供支持"追问:"提供哪些方面的支持""怎么去提供支持""何时何地提供支持"……

"控制"就是访谈者对整个访谈过程进行控制使其不偏离主题。访谈者通过转换话题或面部表情的变换、手势、姿势等方式有技巧的缓解气氛。但应避免直接打断访谈者发言,访谈者发言过多;一个问题上的纠缠;题外话过多;使用不恰当提问方式,类似"为什么""强制性"追问:"……不是吗?"等。

"鼓励"适度赞同。用语言、眼睛、动作对问题回答表示同意。切忌过度判断,投其所好,导致信息收集发生偏差。

6. 记录的难度

记录是访谈中的难点。一是记录的速度跟不上被访者的叙述造成漏记或记载不全面；二是记录原则上要经过被访者的确认，很多员工对此有顾虑；三是录音对事后补充有很大帮助但增加被访者的心理负担。因此，沟通是很重要的步骤。

7. 其他

个别访谈的时间控制、保密承诺、访谈记录整理等都是不可或缺的。

02 问卷调查法

问卷调查法：它是调查者运用统一设计的问卷，向被调查的岗位任职者了解岗位情况及任职者个人情况，由岗位任职者填写，再将问卷加以汇总，归纳从中找出代表性的答案，对岗位信息进行描述的一种方法。

一、问卷调查法的基本特征与形式

1. 问卷调查法的基本特征

（1）问卷调查是按照统一设计的，有一定结构的标准化的问卷，来进行调查的。

（2）问卷调查是一种间接调查，即调查者被调查者不直接见面回答，而是由被调查者自行填写问卷。

（3）问卷调查是以书面形式提出问题，由被调查者书面回答问题。

（4）问卷调查是通过抽样方式选取调查对象的。

（5）问卷调查一般是定量调查，通过样本统计量推断总体。

2. 问卷调查的形式

问卷根据设计的方式不同一般分为非结构型问卷、结构性问卷和混合型问卷三种。但不论以何种方式设计，都应围绕分析的工作岗位为中心来设计的。

(1) 非结构型问卷

非结构型问卷，也叫开放式问卷，是指在设计问卷时只有问题，而不给出问题的答案，需要被调查者根据自己的判断，自由发挥地回答问卷上的问题。此种问卷由于未设答案，可以给被调查者回答的空间，利于被调查者的发挥，可以获得更多的信息；同时也可能收集到一些无效的信息。另外，因收集到的信息杂乱无章，无法利用计算机进行统计和分析对比，因此还需要对收集的信息进行标准化处理，增加了人力、物力、时间成本。

(2) 结构化问卷

它是一种封闭型问卷，是由岗位分析小组人员根据岗位先设计好要调查的问题，并按问题性质、类别、复杂程度、问题时间、逻辑关系等设计若干问题答案或全部答案，然后由被调查者从中选出一种或几种自己认为符合问题意思的答案。

结构化问题的方式多种多样，常用的有以下几种。

①填空式：在问题的后面或中间的横线上或括号内填答案的回答方式。

②双选式：即只有二种答案的回答方式，适用相互排斥的答案的分类问题。

③多选式：即列出多种答案，由被调查者自主选择一个或多个答案的方式。适用几种互不排斥的答案的分类问题。

④顺序式：即列出多种答案由被调查者按自己判断给出各答案的排列先后的回答方式。

⑤等级式：即列出不同等级的答案，由被查者根据自己认为选择答案的回答方式。

⑥矩阵式：即将同类几个问题和答案排列成一个矩阵，由被调查者对比着进行回答的方式。

⑦表格式：即将同类问题和答案形成一个表格由被调查者回答的方式。

一般结构化问卷都不是单一的方式呈现，而是根据岗位分析的目的和问题的性质。一份调查问卷包含以上几种或全部的方式。

结构化的问卷，它的问题和答案都是预先设计的、标准化的，因此它有许多优点：有利于被调查者正确理解问题和选择答案，能节约大量的时间；问卷的回复率高，对敏感的问题被调查者可以不必顾虑，只需对已有答案真实性确认即可；如果先期对问题与答案进行编码，对后续的利用计算机进行统计，分析会使岗位分析工作起到事半功倍的效果。

但是它也有一些缺陷：回答方式是固定的，难以适应比较复杂的岗位情况；因问卷已经限定了答案，不利于被调查者发挥主观能动性，可能有些信息无法获取，降低了调查效力。

（3）混合型的问卷

它实际上是一种半结构化、半非结构化的问卷，也就是将结构化问卷与非结构化问卷的有机结合。它集合了以上二种方式优点，淡化了以上二种方式的缺陷。

二、调查问卷的设计

1. 调查问卷的一般结构

调查问卷一般由卷首语、问题与答案、编码、其他资料、结束语几部分组成。

（1）卷首语：主要介绍调查的目的、意义以及作用、填写的要求、说明，它可以放在问卷的头条，也可以独立成篇放在问卷前页随问卷一起发放。

（2）问题与答题：它是问卷的主要内容，包括职位信息类问答、工作岗位信息类问答、岗位任职条件类问答。

（3）编码：将问卷中的各类信息编码，以便信息收集后的计算机处理。

（4）其他资料：包括调查开始与结束时间、审核人、审核意见等。

（5）结束语：在问卷末对被调查者的合作表示感谢语，征询对问卷设计的看法，事后有补充的联系方式（邮箱等）。

2. 问题设计应注意的事项

（1）问题设计的客观型：设计的问题必须符合客观实际，不能有诱导性或倾向型的语言，并经过岗位分析小组专家团队充分讨论，杜绝闭门造车。

（2）问题设计的必要性：问题的设计必须依据调查的目的，以及期望获得哪些方面岗位与岗位任职者信息来设计。不能过于简略，无法满足调查要求，也不能过于繁杂或"大而全"。这样不仅降低问题质量、问卷的有效性，还没有把需要说明的问题说清楚。

（3）问题设计的真实性：设计的问题一定要意见明确，并且保证被调查者能真实的回答。模棱两可，是非不明，又不宜正面回答的问题一定不要去设计。

（4）问题设计的具体性：对各种问题的内容一定要具体，不可抽象笼统。

（5）问题设计的简明通俗：问题的设计要简单明了，语言通俗易懂。尽量不要啰里啰唆，冗长八股，不使用生涩语句，以及太专业化用语。

（6）问题设计肯定性：问题设计时一定要用肯定式语句来表述问题，避免使用否定句式表述问题，以免造成误解。

3. 答案设计应注意的事项

除非结构化问卷是自计发挥回答问题外，一般问卷都设计有一种或多种答案供被调查选择。因此设计答案时应注意以下几点：

（1）问题与答案具有相关性：即设计的答案与问题之间一定有某种关联。

（2）答案设计全面性：即设计的答案尽可能全面地回答问题。

（3）答案设计的层次性：即设计的答案时一定要具有同层次关系。

（4）答案设计的明确性：即答案的表述一定要清楚，让被调查者一看就懂。

4. 调查问卷的设计样本

为了更好地理解、掌握问卷调查法，在这里设计了二份调查问卷的样本，以供选择参考。

表 4-10 结构化岗位信息收集调查表（一）

尊敬的广大员工：

您们好！为了全面准确地了解公司各岗位的现状，以便于我们进行一系列管理制度改善，并正确编制职务说明书，从而帮助您更加清晰明确认识您的本职工作，改善您的工作状况，并有效指导公司各项人力资源管理工作。请您根据工作中的实际情况认真如实填写，对于您的问卷除了公司岗位分析领导小组之外，我们将为您保密，请您放心！谢谢！

一、职位信息

姓名：	部门：	岗位：	职务：
性别：	班组：	上级主管：	学历：
年龄：	班次：	下级：	专业：
担任本职务时间：			

二、您所从事岗位工作的主要职责：

岗位职责 （按重要性排序）	负责程序 （全责/部分/协助）	频 度					花费时间 （%）
		每日	每周	每月	每季	每年	
职责一：							
职责二：							
职责三：							
……							

三、工作中失误影响程度

工作内容	工作失误影响范围	工作失误影响程度
1.☐	1. 不影响其他人工作正常进行	☐无损失　　☐损失较轻 ☐损失一般　☐损失重大
2.☐	2. 只影响本部门少数人＿＿＿＿	☐无损失　　☐损失较轻 ☐损失一般　☐损失重大
3.☐	3. 影响整个部门	☐无损失　　☐损失较轻 ☐损失一般　☐损失重大
4.☐	4. 影响其他几个部门	☐无损失　　☐损失较轻 ☐损失一般　☐损失重大
5.☐	5. 影响全公司	☐无损失　　☐损失较轻 ☐损失一般　☐损失重大

续表

四、工作关系

工作关系	需联系的部门、岗位	联系的目的
	1.	
	2.	
	3.	
内部沟通	内容/频度	频度标准
	只与本岗位同事沟通	1. 偶尔
	需与本部门其他岗位沟通	2. 经常
	需与其他部门沟通	3. 常常
	需与集团其他公司沟通	4. 频繁
		5. 很频繁
外部沟通	不与本公司以外人员接触	1. 无交流
	与其他公司人员接触	2. 一般信息交流
	与政府与社会组织接触	3. 影响事件沟通
	与其他公司及社会组织接触	4. 涉及重大决策沟通

五、工作时间要求

时间要求	紧迫度
日工作时间 □	1. 8H及以下 2. 9H 3. 10H 4. 11H 5. 12H及以上
上下班是否准时 □	1. 准时 2. 偶尔延迟 3. 一般需延迟 4. 经常延迟
所从事工作是否忙闲不均 □	1. 是 2. 否 时间段：_____
每周出差时间占工作时间 □	1. 0 2. 0~30% 3. 30%~50% 4. 50%~70% 5. 70%以上
外地出差月均次数/时间 □	1. 次数：____ 2. 次均时间：____
本地出差月均次数/时间 □	1. 次数：____ 2. 次均时间：____

六、工作监督责任

监督责任	程　度
工作监督责任 □	1. 职责明确，时刻接受上级指导。 2. 只对自己负责，自主完成本岗位工作。 3. 除完成自己工作外，须对本岗位其他员工负责指导。 4. 对本岗位其他员工分配工作，监督考核。
工作监督岗位数 □	1. 指导2个以上岗位工作。 2. 指导5个以上岗位工作。 3. 指导15个以上岗位工作。

续表

七、工作压力

工作压力项		程　度	
您手头工作是否经常打断	□	1. 没有 3. 经常	2. 偶尔 4. 频繁
您履行职责是否有与员工冲突可行性	□	1. 没有 3. 可能	2. 很少 4. 很有可能
您是否感觉部门工作氛围不好	□	1. 没感觉 3. 还可以	2. 有一点 4. 很强烈
您的工作是否需要创造性	□	1. 不需要 3. 有时需要	2. 很少 4. 很需要
您对从事工作本身是否感兴趣	□	1. 无聊 3. 感兴趣	2. 很少感兴趣 4. 很感兴趣

八、工作环境与使用设备和工具

工作环境			
您从事的岗位热度	□	1. 有空调的办公室 3. 室外作业	2. 一般环境 4. 高温辐射区
您从事岗位的嘈杂度	□	1. 安静 3. 噪声在 90 分贝以下	2. 一般环境 4. 噪声超过 90 分贝
您从事岗位的浊气	□	1. 很纯清 3. 有异味	2. 一般环境 4. 异味很大
您从事岗位的湿度	□	1. 干燥 3. 湿气较重	2. 一般环境 4. 湿气很重
您从事岗位的寒冷度	□	1. 不寒冷 3. 0℃以上	2. 一般环境 4. 0℃以下
您从事岗位危险度	□	1. 不危险 3. 较危险	2. 一般 4. 很危险
您的工作单调程度	□	1. 不单调 3. 较单调	2. 一般还好 4. 很单调
您从事岗位使用的工具 （可选多项）	□	1. 计算机　2. 电话　3. 传真机　4. 打印机 5. 照相机　6. 机动车　7. 叉车　8. 卷尺 其他：（可按序列举后填在框内）_____	
您从事岗位使用的设备 （可选多项）	□	1. 冲床工　2. 抛光机　3. 剪切机　4. 行车 5. 铆钉机　6. 电焊机　7. 打磨机　8. 振动机 其他（可按序列举后填在左框内）_____	

续表

九、考核标准、工作流程、培训与发展

您从事岗位工作绩效考核标准	1._____ 2._____ 3._____ 4._____
您从事岗位应遵守的工作流程	1._____ 2._____ 3._____ 4._____
您从事岗位培训的项目	1._____ 2._____ 3._____ 4._____
您认为从事岗位还需增加的培训项目	1._____ 2._____ 3._____ 4._____

十、任职资格

承担此岗位职责应受教育程度	□	1. 初中及以下　2. 高中（中专）　3. 大专 4. 本科　　　5. 硕士研究生　6. 博士研究生
担任此工作应具备职业资格	□	1. 4级　2. 3级　3. 2级　4. 1级
担任此工作适合的专业是	□	1._____　2._____　3._____　4._____
胜任此岗位需哪类工作经验	□	1. 不用经验　　2. 半年内　　3. 1~3年 4. 3~5年　　　5. 5年以上
您认为新进员工适应此岗位培训期	□	1. 二周以内　　2. 3个月内 3. 6个月内　　4. 1年以上
本岗位工作的复杂程序	□	1. 立刻可上岗　　2. 比较简单、手工操作 3. 手工与机械协作　4. 复杂机械
计算机水平	□	1. 不需要　2. 一般　　3. 熟练　4. 精通
英语（或其他外语）水平	□	1. 不需要　2. 3级即可　3. 4级　4. 6级以上
相关业务（专业知识）	□	1. 不重要　2. 一般　　3. 重要　4. 很重要

续表

能力要求	领导决策能力	□	1. 不需要	2. 一般	3. 较高	4. 高
	组织协调能力	□	1. 不需要	2. 一般	3. 较高	4. 高
	计划统筹能力	□	1. 不需要	2. 一般	3. 较高	4. 高
	授权监督能力	□	1. 不需要	2. 一般	3. 较高	4. 高
	语言、写作能力	□	1. 不需要	2. 一般	3. 较高	4. 高
	应变能力	□	1. 不需要	2. 一般	3. 较高	4. 高
	分析判断能力	□	1. 不需要	2. 一般	3. 较高	4. 高
	沟通能力	□	1. 不需要	2. 一般	3. 较高	4. 高
	团队合作能力	□	1. 不需要	2. 一般	3. 较高	4. 高
	创新能力	□	1. 不需要	2. 一般	3. 较高	4. 高
	学习能力	□	1. 不需要	2. 一般	3. 较高	4. 高
	工作主动性	□	1. 不需要	2. 一般	3. 较高	4. 高

非常感谢您参加本公司岗位分析的问卷调查活动。我们将在汇总、归纳整理后再与您沟通，如您觉得本问卷有未完整包含您的职务信息、工作信息、任职条件的或本问卷有错误的，请您及时向公司岗位分析小组说明情况。

岗位分析小组接待电话：_____

电子邮箱：_____

再次感谢您真诚合作！

公司岗位分析小组

年　月　日

表 4-11　非结构化岗位信息收集调查表（二）

尊敬的广大员工：

　　岗位分析是整个企业人力资源管理的基础平台，几乎每一个方面都会涉及岗位分析的成果。为了使您的工作更有意义，使您的工作顺畅，使您的工作效率得到提升，也为了加强公司管理，我们设计了这套调查问卷，请您仔细阅读理解后根据实际情况，认真、真实地填写（如表格有限或本问卷有遗漏的问题请附页说明），谢谢！

续表

一、岗位基本信息

> 1. 姓名：＿＿＿＿＿ 所属部门：＿＿＿＿＿ 所属班组：＿＿＿＿＿
> 岗位名称：＿＿＿＿＿ 岗位编号：＿＿＿＿＿ 填写日期：＿＿＿＿＿
> 您参加工作时间：＿＿＿＿＿ 您担任此岗位职务时间：＿＿＿＿＿
> 2. 您所从事的岗位工作目标是什么？（它为什么存在？该工作在公司中的作用？）
> 例：以最少的成本采购原材料满足生产的需求。
> 3. 您的职务概要
> 说明：简明扼要地概括该职务的主要工作职责。
> 例：销售代表的职务概要可以是：在销售经理的领导下，依据公司的销售政策，建立、维护、扩大销售终端，完成分销目标，分销计划。
> 4. 您所在部门的工作职能是什么？（尽量详细列举）
> 例：采购部的工作职能之一：物料购入计划（它是依据业务订单计划，生产制造计划和资金计划而编制）。计划中应明确购入品种、数量、品质标准、交货时间、供应商、购入方式、货款支付等。

二、岗位基本活动与特征

> 1. 请您说明本岗位的主要工作内容有哪些？
> 说明：请详细列举您全部的工作内容，并说明您在从事这些工作时的工作时间比重；每周、每月、每季、每年工作频度；负多大责任、责任程度，是被监督工作还是监督执行；是自主处理还是经上级批准办理；是组织角色还是执行角色。
> 2. 请您简述本年度近一年内本职位做过的重大事情或关键事件？
> 说明：事件发生的时间、过程、处理方式、结果，一件或数件均可。
> 3. 您工作中遇到的突发事件有多少？月均（近一年内）发生的次数？
> 4. 您参加公司内部或外部的会议有哪些，举例说明。
> 说明：参加会议的频率是多少？周、月、年参加次数。
> 5. 您从事的岗位必须遵守哪些工作流程和工作规范？
> 例：人事专员岗位：招聘作业流程。
> 6. 您工作时常用的原始资料有哪些？
> 例：制程检验员岗位：高压电冲击检测记录表，巡检记录表等。
> 7. 您工作的岗位需要统计的表格、单据，需文字或计算机处理的资料有哪些？并说明其工作量。
> 例：会计员岗位需每日整理差旅费清单，并录入公司财务软件系统，约日均耗时1.5小时。
> 8. 您是否认为现在正在做的工作有些不属于您的工作职责？若有，请列举说明。

续表

三、工作权限与考核标准

1. 您的指导工作监督的责任如何？指导工作监督的人员与数量多少？

   例：包装组长岗位：监督指导 2 个班长或 3–15 名普通员工。

2. 您对您工作结果承担的责任有多大？

   说明：工作的结果以对部门或公司影响的大小作为判断标准。

   例：品保部经理需对整个部门的工作结果负责。

   装配工只需对自己的工作结果负责。

3. 您的岗位是否负责组织人事工作？

   说明：指在正常工作中对人员的选拔、聘用、提拔、工作分工、考核、激励等具有法定权利和义务，以人事决策层次作为责任大小的标准。

   例：班长岗位：仅对一般员工有工作分配、考核、激励的权责。

4. 您在从事本岗位工作中决策责任多大？

   说明：是指在正常工作中需参与决策的岗位，按其参与程序与参与决策的层次来作为决策责任计划标准。

   例：制程检验员在发现某生产工位品质无法保障时可有权停业生产作业，它的决定只影响到某生产工位一个或几个普通员工。

5. 您的日常工作是以什么方式来安排？

   说明：主要是指以按计划执行为主，自主安排为主，还是上级安排为主。

   例：后勤、电焊工岗位以上级安排为主。

6. 您的工作中是否需要制订计划？制订计划是日计划、周计划、月计划还是年计划？

   说明：以本岗位需不需要做工作计划，负责的程度来描述。

7. 您的工作岗位是否需要承担质量责任？质量要求程度如何？

   例：培训专员岗位对岗位操作工培训负部分责任，应承担一般质量责任。

8. 您的岗位是否可能发生事故？发生的频率如何？事故造成的损失如何？什么原因引起的？

   例：冲床岗位有可能发生工伤事故，本岗位一年内已发生 2 起事故，造成员工十级伤残，二起均为误操作发生。

9. 您的工作有无产生损耗？损耗的种类有哪些？影响多大？

   例：冲床岗位产生损耗，主要体现在生产废品，机器空转电力与机械寿命损耗，生产效率损耗。

10. 一般情况下，您遇到哪些问题需向上一级请示汇报？
11. 您认为做好本岗位工作最重要的要求是？
12. 您的上级是否经常来检查或指导您的工作？
13. 您的工作方法和步骤是否有重复进行的？

续表

14. 您的工作失误影响的程度如何？造成的损失多大？说明：影响的程度以给公司造成的直接与间接损失的大小来划分。
15. 您的工作失误影响的范围有多大？
    说明：影响的范围按影响本岗位、影响本部门、影响多部门、影响整个公司来划分。
16. 您的工作与内部各部门与岗位协调程度如何？与哪些部门和岗位协调？协调不畅对本岗位影响程度如何？协调不畅对本岗位哪些部门与岗位产生影响，影响程度如何？
    说明：内部协调责任以协调对象的层次、人员数量、频繁度和失调后果来划分责任大小标准。
17. 您的工作需要与外部联系否？失调后果如何？
    说明：以协调对象的重要性，给本岗位或公司工作开展造成的影响度作为判断标准。
18. 您的岗位的上一级有哪些工作内容？您认为哪些工作是上级应该做的而下放给您？您认为哪些工作不应该您做，或者应该上级或其他岗位做？
19. 您的岗位的下级的工作内容有哪些？哪些工作要向您回报？
20. 您一般是如何管理和指导下属工作的？
21. 您认为本部门的职能如何？应增加或减少哪些职能？
22. 您认为本岗位应该建立哪些具体的考核项目、考核指标和考核标准？
23. 请您列举现有的能反映本岗位工作的各种指标，包括定量和定性的。
24. 您认为现有的绩效考核方式如何？期望哪些方面需要改善？
25. 您现在岗位培训项目有哪些？培训项目是否合理？培训时间是否合理？培训效果如何？
26. 您认为现有哪些培训项目较好？您期望还需进行哪些方面的培训？

四、岗位任职资格条件

1. 您认为胜任本岗位的最低学历要求．
2. 您认为顺利履行本岗位工作职责，需要哪些学科或专业领域的知识。
   例：人事专员岗位还应具备心理学方面的知识。
3. 您认为胜任本岗位工作，应具备此岗位或相近岗位工作经验多少年？
   说明：以0年、半年、1~3年、3~5年、5年以上、10年以上为判断标准。
4. 新员工胜任本岗位工作，您认为培训期应为多久？
   说明：以不需要培训，需培训1~2周，需培训1个月，需培训1~3个月，需培训3~6个月，需培训1年以上为判断标准。
5. 本岗位需要具备的计算机水平如何？
   说明：以不需要、一般、熟练、精通为判断标准。

续表

> 6. 本岗位需要具备哪些外语，其外语水平应具备什么标准？
>   说明：外语是指除中文以外的语种，如：英语、韩语、日语等。外语水平以：不需要、能借助翻译软件看懂文件资料、良好的听说读写为判断标准。
> 7. 您从事的岗位工作复杂性或操作难度如何？
>   说明：工作的复杂性以：简单的独立的；需要指导的；需独立判断和计划的；高度自主的工作为判断标准。
>   操作的难度以：简单手工操作或全自动化，简单机械与手工操作，复杂机械与手机操作为判断标准。
> 8. 您认为从事该岗位应该具备哪些上岗资格证书？
> 9. 您的岗位履行工作职责需要具备哪些软件应用知识与技能？
>   说明：软件类型包括：ERP、MRP、财务软件等。
> 10. 您的工作对体力有什么要求？
>   说明：以工作姿势（如站立、坐姿），持续时间（如整班站立、50%站立、30%站立），用力大小（如：一次负重10Kg以内、10Kg~20Kg、20Kg~30Kg、30Kg以上）为判断标准。
> 11. 您从事的岗位工作应熟练应用哪些辅助工具？
>   说明：辅助工具包括卡尺、万用表、过型机、打印机等。
> 12. 为更好履行岗位工作职责，应具备哪些其他能力与要求？
>   说明：其他能力包括：领导能力、逻辑思维能力、统筹计划能力、分析判断能力、创新能力、沟通协调能力、演讲能力、文字写作能力、应变能力、社交能力、谈判能力、组织能力、教授能力等。判断标准有不要求、要求但较低、一般要求、要求较高、要求很高几个维度。

五、劳动条件与工作压力

> 1. 您通常在什么样的工作环境下开展工作？
>   说明：工作场所：以室内为主，室外为主为判断标准。
>   工作环境：以在高温、低温、寒冷、粉尘、异味、噪声等为判断标准。
> 2. 您在履行岗位职责时一般需要出差吗？需出差的话一般是本地或外地？出差时间占您整个工作时间的比重多少？
>   说明：出差的频率以不需出差、偶尔出差、经常出差为判断标准。
>   出差占用工作时间的比重以0%、30%以下、50%以下、50%~70%、70%以上为判断标准。
> 3. 您每天的工作时间是多少？需要加班吗？一般月加班多少小时？
> 4. 您的工作是否忙闲不均？忙的时间段集中在每月哪个时间段？每年哪个时间段？

续表

5. 您觉得工作压力大不大？压力主要来自哪些方面？
6. 日常工作中，您是否不得不中断工作处理一些其他部门或岗位的事情，而影响本岗位工作？一般发生在哪些部门和岗位？发生的频率如何？
7. 您在工作中与同事的协作感如何？
   说明：协作感以愉快、比较愉快、不适应、关系紧张为判断标准。
8. 您与上级相处的关系如何？
   说明：相处关系以融洽、比较融洽、不适应、关系紧张为判断标准。
9. 您从事的工作是否属于职业病范畴？您对本岗位劳动保护的现状如何评价？您为防止职业病发生有什么建议？
   说明：劳动保护现状以很好、较好、一般、很糟糕为判断标准。
10. 您对现在的工作状态是否满意？您理想的工作状态是什么样的？
11. 您目前有职业规划吗？您的职业规划的目标是什么？对职业发展目标您是否制订有实施的计划？
    说明：请陈述职业发展实施的计划。
12. 您目前工作中遇到的最大的困惑是什么？这种困惑产生的原因是什么？

六、个人建议

1. 您认为本岗位的工作安排不合理地方有哪些？有什么改善建议？
2. 您认为本部门的职能、工作内容、职责、工作权限有哪些不合理的地方？有什么改善建议？
3. 您认为目前的工作流程和规范是否能满足履行职责的需要？有哪些需要改进的地方？
4. 您对职位的任职资格条件和要求，除了本问卷列举之外有什么补充的意见和建议？
5. 其他您认为有必要的建议请写在下面：_____

　　感谢您真诚地回答本问卷的问题，对于此问卷的问卷答案我们保证仅用作岗位分析，不会向其他人或其他渠道传播，如有疑问欢迎致电询问。

联系方式：_____　　电子邮箱：_____
即时通信：_____　　联系人：_____

公司岗位分析小组
年　月　日

三、问卷调查的优缺点及适应岗位

1. 问卷调查法的优点

（1）调查的范围广。可以适用公司所有的岗位调查，并且能在众多调查对象时同时进行，可以短时间内对岗位调查工作全面铺开，时效性较强。

（2）灵活度高。岗位任职者可以根据自身工作特点，合理调配时间来完成问卷调查，对日常工作一般影响不大。

（3）标准化程度高。因统一的设计问题，避免了调查主题，偏离调查目标，并且对问题与答案进行编码可以实现信息处理的计算机化，使岗位分析更加准确、合理。

（4）节约经费。这是问卷调查的一个优势，除了先期设计问卷需要投入人力、物力、财务外，后期实施调查中费用很少。

2. 问卷调查法的缺点

（1）对被调查者的素质有一定的要求。如果被调查者不能正确理解问题的宗旨，就对正确回答问题产生影响，进而影响收集到的岗位信息的可信度。

（2）问卷的结构性特征，决定了问卷不具有弹性的局限。被调查者只能局限在问卷的框架内，无法自主思维和意义，因此可能影响岗位信息收集的广度和深度。

（3）因问卷只能获得书面的岗位信息，无法了解其他的情况，如被调查者敷衍塞责，不认真填写或者请别人代劳等，就无法获知真实的岗位信息，严重的影响岗位分析的可信度。

（4）因此问卷调查法必须与其他直观的观察法、访谈法等结合使用，才能起到遗失补缺的效果。

3. 问卷调查法适应的岗位

结合问卷调查的特性，它适应一切的岗位，特别是岗位较多的企业。

> **小贴士** 问卷调查法，不管是结构化的问卷，还是非结构化的问卷，保证问卷的有效性永远是第一位的。除了设计一份全面的、具体的、简明通俗的问卷外，统一思想，统一认识，达成共识才是保障问卷效度的前提。

03 观察法

观察法就是岗位分析人员直接到现场（以不影响岗位工作者的正常工作为前提），亲自对特定对象（一个或一组观察对象）的工作内容、工作方法、工作流程与规范，使用设备、工具，劳动条件等进行观察、记录，最后把收集到的岗位信息归纳、整理为符合为使用要求标准化的资料，达到岗位分析目的的一种方法。

一、观察法的分类

按观察的方式不同，我们一般分为全程观察、阶段观察、工作演习三种。

（1）全程观察法：是指岗位分析人员对观察对象工作开始到工作结束的全过程进行观察。它适用于工作周期短且比较固定的工作。如超市的理货员，就可以以一天为周期通过跟踪该员工的工作过程获取工作信息。

（2）阶段观察法：是指对工作周期较长或某些工作内容需断续进行的岗位人员，为了获取全部的岗位信息，而分阶段进行观察然后汇总、整理的方法。如人事专员组织年末文体活动。

（3）工作演习法：是指对除正常流程外易引发许多突发事件岗位的人员进行的观察。如人事专员处理劳资纠纷事件，安全员处理事故。

二、观察法的提纲拟定

采用观察法进行岗位分析时，除将看到的信息收集外，为取得良好的效果，应事先假定一个初步的提纲。

表 4-12　业务员工作观察记录表

被观察者：		观察日期：		观察时间	7:45~20:30
岗位分析员		岗位名称：	业务员	所属部门	业务部

一、观察内容

1. 工作地点：办公大楼三楼业务部办公室。
2. 准备内容：7:45 按时打卡进入办公室，将工卡别在左胸口处（7:50），将电脑打开，路由器打开，去茶水间打一杯开水（7:58）。
3. 正式开始工作时间：8:00。
4. 岗位主要工作内容与时间安排。

主要工作内容	时间安排
（1）查看业务部内部邮件 13 封，回复其中 8 封。	8:05~8:20
（2）查看客户的邮件 5 封，回复 5 封。	8:20~8:40
（3）向业务经理汇报 A 客户关于价格优惠的请求。	8:40~9:00
（4）电话联系新客户，打电话 23 个，成功找到负责人 18 个，接受预约 5 个。	9:00~10:30
（5）处理前一天老客户的成交单据 3 个，货量 320PCS。	10:30~11:00
（6）开拓新客户，打电话 18 个，成功找到负责人 11 个。	11:00~12:00
（7）进行约定客户拜访，预约 5 家，成功见到负责人 3 家。	14:30~17:00
（8）在公司整理客户资料，填写日清表。	17:00~17:30
（9）加班写月工作总结。	18:30~20:30

二、工作环境

1. 室内，办公较清静，占日工作时间比重 50%。
2. 室外（本地），拜访客户，需经风吹日晒，有一定的风险，占日工作时间的比重约 50%。

表 4-13 岗位分析观察提纲（部分）

被观察者		观察日期		观察时间	
岗位分析员		岗位名称		所属部门	
观察内容：					
1. 工作地点：					
2. 工作开始时间：					
3. 工作内容：					
4. 上午工作时间：					
5. 上午休息时间：					
6. 上午完成任务数（或完成产品数）：					
7. 多长时间完成一个任务（或一件产品）：					
8. 与同事沟通时间：					
9. 与同事沟通频率：					
10. 与上级沟通时间：					
11. 与上级沟通频率：					
12. 有无未完成任务（或生产次品）：					
13. 有无突发事件：					
14. 处理突发事件花费的时间：					
15. 工作环境（室内或室外）：					
16. 工作场所危险度：					

三、观察法的实施程序

进行观察收集岗位信息时，第一了解岗位基本信息，拟出初步的观察提纲；第二现场观察记录工作过程；第三与被观察者面谈，补充信息；第四汇总记录信息。评估岗位描述的信息完整性和准确性。

（1）初步了解岗位工作信息，对现有的文件，工作流程或已有的职务说明书进行了解，准备一个初步的提纲。

（2）选择具有代表性的观察对象和观察时间段，对被观察对象的工作与生产活动进行观察记录。这里观察的是工作而不是个人特性。

（3）与被观察者面谈或与该岗位任职者的上司沟通，了解整个工作情况及与其他岗位配合情况，补充信息。

（4）汇总从各方面得到的信息，形成一个综合的描述，召集被观察者岗位分析人员、有经验的员工、该岗位的直接主管分析评估岗位描述的信息是否全面、准确。

观察法的运用应注意选取的岗位工作样本具有代表性，工作相对稳定。还就避免机械记录，懂得提炼和比较，更要以不干扰被观察者的工作为前提。

四、观察法的优缺点及适应岗位

（1）优点：直接观察可以使分析人员更全面、深刻地了解工作要求，获得的信息客观性较强。

（2）缺点：对分析人员的实际操作经验，观察比较能力要求较高。对周期长的工作，增加了观察的难度和时间，对偶发事件观察力不从心。

适应体力工作，工作周期短的岗位。它通常不能单独用于岗位分析的方法，只能作为其他岗位分析方法的补充。

> **小贴士 Human Resources**
> 观察法收集岗位信息时，一要考虑岗位工作人员的全部工作内容。二要注意观察时不能给被观察者造成影响。三要选用观察力较强的岗位分析员。这样才能收集到全面的岗位信息。

04 工作日志法

工作日志法就是让岗位任职者按时间顺序，通过详细记录一段时间内的工作过程，从而获得有关岗位工作信息的一种方法。

一、工作日志的样本

根据不同的岗位分析的目的，可以设计不同的"工作日志"样本，具体格式不限，只要能详细记录工作过程就行，现推荐一种样本：

表 4-13　日工作记录表

部　门		岗位名称		记录时间	
姓　名		直接上级		工作年限	
工作活动内容	耗费时间		业务完成量	备　注
	起　始	持续时间（分）		
1.					
2.					
3.					
4.					
5.					

二、工作日志法优缺点与适用岗位

（1）工作日志法优点：所需费用小，对分析高水平与复杂的工作比较有效。

（2）工作日志法缺点：工作执行者填写比较烦琐，记录的人为影响因素比较大，记录的真实性有待商榷。因无统一的问题与标准，整理的工作量比较大，耗费大量人力、物力、时间，且不易计算机化处理。适用于工作内容、工作关系、劳动强度等方面的信息收集。只能适用少量的岗位，作为岗位分析方法的补充。

小贴士 Human Resources　工作日志法实施时主要的难点在于岗位工作者的认知。很多时候员工都会拘泥于不让其他人掌握自己的工作细节，导致记录注水或者缩水，甚至杜撰，影响信息的真实性。

05　关键事件法

关键事件法，实际上是访谈法的一种，就是对岗位的工作任务造成显著影响的事件进行描述的一种方法。

一、关键事件法收集信息的方法

（1）通过访谈收集：通过访问关键事件的经历者，记录并描述事件发生的背景，行为者采取的行动，产生的结果等。

（2）通过会议收集：通过召集岗位任职者直接上司在一起开会座谈，来收集关键事件的信息。

二、关键事件法描述的内容

（1）事件发生的背景及原因。

（2）行为者的行为，包括有效的行为和无效的行为。

（3）行为产生的结果，包括正结果和负结果。

三、关键事件法收集信息样本

表 4-14　关键事件描述记录

行为者		发生地点		发生时间	
见证者		记录者		记录时间	
事件发生的背景					
行为者行为					
行为后果					

小贴士 Human Resources

关键事件法收集岗位信息时应注意以下方面问题：
1. 记录哪些对组织产生重大影响的工作行为。
2. 这些工作行为一定要包括积极的和消极的二个方面。
3. 这些工作行为一定要与从事的岗位有直接的关联。
4. 通常用这种方法来收集信息的时间跨度要尽可能的长，涵盖岗位一系列事实。

06 其他岗位分析方法

一、管理岗位描述问卷法

管理岗位描述问卷法（MPDQ）是以工作为中心的岗位分析方法。它是问卷调查法的专门化，专门针对管理岗位分析而设计的，分析的对象为管理岗位和督导岗位，由岗位任职者自己完成，也是一种结构化的调查问卷。

它是通过 13 类工作因素的 208 个问题来描述管理人员工作的问题，包括管理者关心的问题，承担的管理责任、工作行为、工作联系、工作权限和开展工作所具备的各种特征。

1. 管理岗位描述问卷法实施的步骤

（1）评定重要性：指出每项活动对该职位的重要程度，以 0-4 分来作为重要程度判断标准，将分数记录在每个问题后面空白处或括号内。

注意：您要考虑的是该活动与其他职位活动相比的重要程度和发生频率。

（2）评论：本岗位包括的其他工作

（3）示例：表 4-15

表 4-15　MPDQ 问卷示例（部分）

评定重要性	1. 制定年度与月度销售计划。　　　　　　　　　　　　　　（　　） 2. 监督公司规章制度与政策的执行。　　　　　　　　　　　（　　） 3. 控制和调整人力、物力、财务分配，建立销售体系。　　　（　　） 4. 每月至少召开一次销售分析会，总结分析销售成果。　　　（　　） 5. 代表公司同人、分销商、组织采购商谈判并签订合同。　　（　　） ……
评　论	1. 我个人认为关于工程承包商的业务也应纳入销售部统一管理。 ……

2. 管理岗位描述问卷法的优缺点

（1）优点：第一管理岗位描述问卷法对工作进行分析的结果形成多种分析报告，这些报告为从事管理工作，以及正确评价管理工作提供依据；第二也为工作方法的建立提供依据；第三为培训、选拔、绩效和薪酬管理奠定了基础。

（2）缺点：与问卷法一样受工作与技术方面的限制，灵活性较差，设计时的专业素质要高。

> **小贴士 Human Resources** 管理岗位描述问卷法，对于每项工作的重要性的评定依据的是管理者自己的认知，受每个人的主观因素的影响较大，不同的人员对某项活动对职位的重要程度判断结果可能相关很大，会给岗位分析结果产生重大影响。

二、功能性岗位分析法（FJA）

功能性岗位分析法也称职能工作分析法，它是以员工所发挥的职能与应尽的职责为中心，列出需要收集与分析的内容的一种方法。它是对该工作特点和任职者的特点进行分析。

1. 功能性岗位分析法的操作步骤

- 收集现有的工作信息。
- 同岗位分析专家（小组）会谈。
- 确定任务描述的方向。
- 列出工作的产出。
- 列出任务。
- 推敲任务率。
- 产生绩效标准。
- 编辑任务库。

2. 功能性岗位分析记录表示例

表 4-16　行政文员工作分析记录表（部分）

一、职务资料
　　任职者姓名：＿＿＿＿＿＿＿＿＿＿　　所属部门：＿＿＿＿＿＿＿＿＿＿
　　职务：＿＿＿＿＿＿＿＿＿＿＿＿＿　　时间：＿＿＿＿＿＿＿＿＿＿＿＿
　　约谈者：＿＿＿＿＿＿＿＿＿＿＿＿＿＿＿＿＿＿＿＿＿＿＿＿＿＿＿＿＿

二、工作任务描述

三、具体任务
　　任务 1：<u>监督食堂的伙食质量、食品卫生。</u>
　　必备知识：
　　　　—— 烹饪的基本知识。
　　　　—— 食品安全法规、政策。
　　　　—— 其他有关食品知识与政策。
　　必备技巧
　　　　—— 无
　　必备技能
　　　　—— 能够看懂并理解复杂的指示。
　　　　—— 理解各种口头与书面的指令，并能正确行动。
　　　　—— 能进行计算机操作（录入）。
　　　　—— 能指导食堂的管理工作。
　　体能要求
　　　　—— 久坐
　　　　—— 环境条件
　　　　—— 无
　　额外工作
　　　　—— 除下达与接受指示外，应组织每周卫生评比。
　　兴趣范围
　　　　—— 传递资料
　　　　—— 和他人业务联系
　　任务 2：＿＿＿＿＿＿＿＿＿＿

---

3. FJA 的优缺点

（1）优点：对工作内容的描述比较彻底，对培训和绩效评估极为有用。

（2）缺点：对每个岗位都做详细分析，相当费力费时，对员工必备条件的描述并不理想。

> **小贴士 Human Resources**
>
> 岗位分析人员必须掌握职能工作分析方法的要点：
> 1. 工作描述语言的控制：工作者要完成什么与工作者做什么来完成。
> 2. 工作者职能等级的划分依据：事情、信息、人；职能的定义。
> 3. 工作系统：工作者、工作组织和工作。
> 4. 任务作为工作的子系统和基本的描述单元。
> 5. SME 作为基本信息来源的重要性：信度和效度。

07 岗位分析方法的比较与选择

任何岗位分析的方法都有它的优点，也有它的缺点。选择岗位分析的方法既要从岗位分析的目标、公司的管理方式、企业的文化氛围等方面考虑，也要从岗位的工作特点、组织结构、业务流程等方面考虑，更要从成本效益、易难操作等方面考虑。至于采用哪种方法，或者哪几种方法的结合就要看具体的企业。

一、岗位分析方法适用的工作类型和人力资源管理领域比较

1. 岗位分析方法适用的工作类型比较

表 4-16　岗位分析方法适用的工作类型

岗位分析方法	适用的工作类型
访谈法	各类工作
问卷调查法	各类工作
观察法	简单、重复、标准化类的操作岗位和基层职员
工作日志法	各类工作
关键事件法	工作内容繁杂的岗位
MPDQ	中高层管理岗位

2. 岗位分析方法适用的人力资源管理领域

表 4-17　岗位分析方法适用的人力资源管理领域

HR 领域	访谈法	问卷调查法	观察法	工作日志法	关键事件法	HPDQ
人力资源规划	√	√		√	√	√
招聘与选拔	√	√	√	√	√	√
绩效评价		√	√	√		
培训与开发	√	√			√	
薪酬设计		√				√
职业生涯规划		√				√

二、岗位分析方法应考虑的因素

1. 企业的组织结构因素

组织结构在一定程序上影响岗位分析方法的选择。组织结构复杂的企业，应采用多种岗位分析方法来进行，因为简单的方法对分散在众多部门的具有可比性的岗位的分析难以顾全；对于单个车间的小企业一般一种方法即可；对于制造生产与业务研发工作界限分明的企业，需同时选用针对分析简单操作的工作和复杂脑力的工作。

2. 企业的技术因素

设备的自动化程度，产品本身的技术含量对岗位内容的要求，对岗位分析方法的选择也存在影响。研究与实验部门的工作内容复杂，对任职者的创新能力要求较强，因此应选用不同的岗位分析方法。

3. 企业文化的因素

企业文化倡导和谐的氛围，员工就会积极主动地接受、配合岗位分析工作。反之，则对分析待怀疑、否定态度，那就不解决任何问题。

4. 管理方式的因素

企业内部管理方式也影响岗位分析方法的选择。民主的、开放的管理方式，一般会允许员工参与岗位分析方案的设计，并能跟员工间进行有效的互动，充分沟通，因此倾向于采用综合的岗位分析方法。

5. 业务流程的因素

业务流程是职位与其他部门与职位互动的联系，一般企业在开展岗位分析会忽略对工作流程的分析。不了解岗位分析与流程的内在联系，以及每个职位在工作流程中的定位和作用，片面强调对职位内在要素的详尽描述，将完整的流程分割得支离破碎。因此，必须通过对企业业务流程的全面的、系统化的梳理来提高组织设计，流程设计与职位设置的合理性。

6. 岗位工作特点的因素

每个组织、每项工作都有自身的特点，因此选择合适的岗位分析方法应结合岗位工作的特点方能更有效。如对工作内容、工作程序相对稳定的工作易选用观察法。如脑力劳动较高，工作内容较复杂的工作就不适用；如对工作内容复杂、管理工作及简单的体力劳动工作，问卷调查法都适用。如对不同组织管理层次以上的职位分析，常用的 MPDQ 方法。

7. 成本效益因素

各种方法所要求投入的人力、物力、财力都不一样，不同的企业所能承受的成本也不相同。因此应根据自身企业特点，综合考虑选择一种或综合几种岗位分析方法。

> **小贴士 Human Resources**
>
> 岗位分析方法的选择，应由人力资源部组织召开由高层主管、中层主管、基层员工、分析人员，如有必要还可以邀请专家进行头脑风暴，对参照物的方法选择的八大因素，让公司各层级人员参与讨论确定，有助于后期岗位分析的进行。

第 5 章
岗位分析的实施流程

如何设计岗位分析工作流程
岗位分析的准备阶段应做哪些准备工作
岗位分析方法实施的步骤有哪些
如何确定基准岗位与分析对象
信息收集工作完成后如何进行分析总结
岗位信息收集后的数据处理有哪些技巧
如何撰写岗位分析报告书
岗位分析常用的问题与对策有哪些

岗位分析工作是项基础性的工作，又是一项技术性和系统性很强的工作，既要有较高的专业素质做保证，也要对整个分析的流程进行周密的计划，并对整个岗位分析的过程进行有效的管控，才能使岗位分析工作有条不紊，使岗位分析收集的信息更贴近实际，使岗位分析的结果科学、合理地运用在企业的人力资源管理的各个方面。因此一套科学、有效、适用的岗位分析流程可以指导企业的岗位分析活动、节省操作成本。

因此，根据岗位分析工作的需要，经过与各部门经理人员的充分沟通和人力资源部门的共同讨论，商定将整个岗位分析的过程分为四个阶段：其流程图如图 5-1：岗位分析工作流程图。

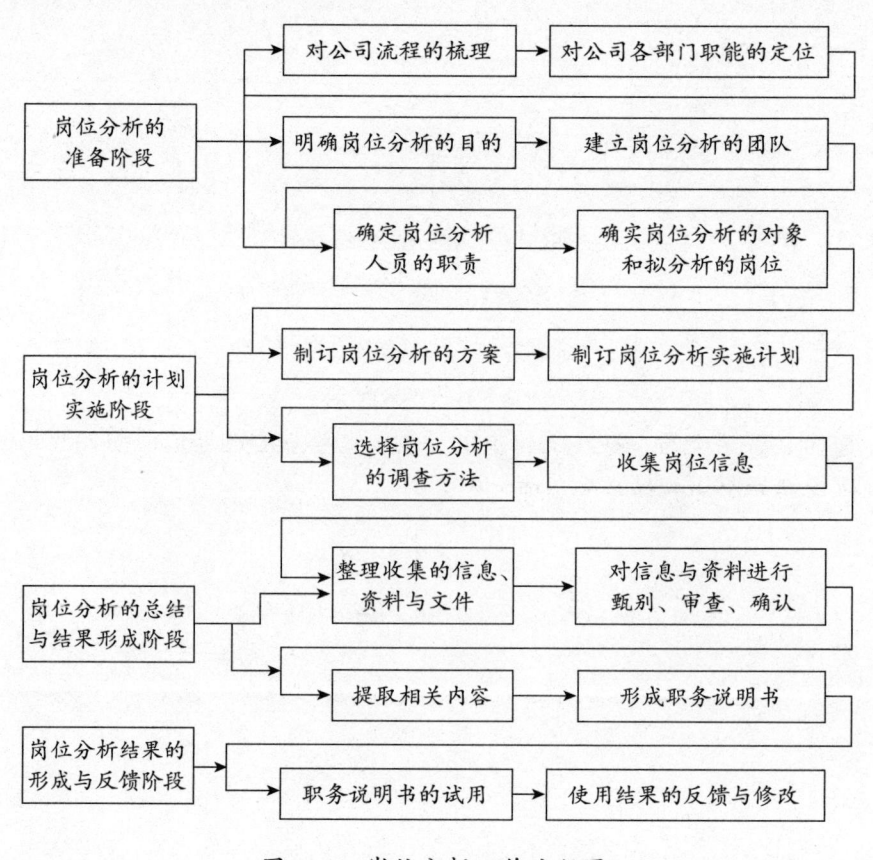

岗位分析的准备阶段	对公司流程的梳理	对公司各部门职能的定位
	明确岗位分析的目的	建立岗位分析的团队
	确定岗位分析人员的职责	确实岗位分析的对象和拟分析的岗位
岗位分析的计划实施阶段	制订岗位分析的方案	制订岗位分析实施计划
	选择岗位分析的调查方法	收集岗位信息
岗位分析的总结与结果形成阶段	整理收集的信息、资料与文件	对信息与资料进行甄别、审查、确认
	提取相关内容	形成职务说明书
岗位分析结果的形成与反馈阶段	职务说明书的试用	使用结果的反馈与修改

图 5-1　岗位分析工作流程图

01 岗位分析的准备

岗位分析准备阶段是整个岗位分析的前期工作，也是基础性的工作，准备得充分与否直接关系到岗位分析工作的顺利展开。它的主要任务是了解企业的组织运转状况，各组织的职能与职责，建立岗位分析小组，明确岗位分析的目的，确定岗位分析的对象和拟分析的岗位，建立与协调企业各级管理人员、岗位任职人员、岗位分析人员的工作联系和合作关系。

一、企业业务流程的分析

把企业的部门与岗位比作人身体的各个器官的话，那么流程就是连接这些器官的血管。因此企业的流程是一个企业进行生产（包括有形的产品和无形产品的生产）和提供服务的生命线，业务流程的合理与否直接关系到企业的正常运作，以及生存和发展，也与企业的文化建立和利润水平息息相关。

因此，企业的管理要面向业务流程，要追求企业全局的最优化，而不是单个环节和单个作业任务最优，要根据企业业务流程管理和协调的要求来设立部门或岗位，通过业务流程中建立控制程序，尽量压缩管理层次，使管理尽量扁平化，释放每个人的工作潜能和创造力、合作精神。

业务流程分析就是通过对业务流程各项活动的分析，经过筛选、删除简化、整合、改进流程，减少无价值的活动，调整核心的增值活动，从而提高整个业务流程效率与效益的一项工作。

1. 业务流程的分类

根据价值理论，从企业全局的角度，我们把业务流程分为以下几类：

（1）企业的核心流程：是指位于企业价值链中最主要的活动，它是基本业务操作的核心。

（2）企业的支持流程：是指位于企业价值链中较次要的活动，它主要就是为企业内部的核心流程提供服务和支持的活动。

（3）企业的网络流程：是指走出企业内部组织边界范围的流程，包括客户、供应商、顾客、合伙人等。

（4）企业的管理流程：是指为企业核心流程提供一个良好运行环境的软流程，它包括企业的策略、规划、资源管理等活动。

> **小贴士 Human Resources**
>
> 价值链的主要活动包括基本活动和辅助活动二类。基本活动包括：生产经营（指与各种投入转化为最终产品相关联的活动），市场营销（指与提供购买或引导购买相关联的活动），内部后勤（指与接收、储存和分配相关联的活动），外部后勤（指与集中、仓储和将产品发给买方相关联活动），服务（指因购买产品而向顾客提供的各种服务），辅助活动包括：技术开发（指用于改善产品、工艺、设备、技巧等的活动），人力资源（指与人员相关的招聘、培训、评价、分配等活动），企业基础设施（包括管理、计划、财会、法律、政治事务等活动）。

2. 业务流程的梳理与优化

（1）业务流程的梳理

业务流程的梳理就是要对流程的现状进行分析，结合企业的发展战略，发现流程中存在的问题和不合理的地方，并提出改善方案和意见。

①与公司的高层对企业的战略发展方向进行研讨，确定明确的企业发展战略。

②对企业流程现状的信息资料进行收集、分析、研究，并与相关人员沟通后，编制企业业务流程现状分析报告。

③针对企业业务流程现状分析报告中流程存在的问题，不合理的地方提出意见和改善方案，在对改善方案进行论证其合理性后，组织培训与实施。

（2）业务流程的优化

业务流程的优化就是对原业务流程不合理的地方进行重新设计，删除不合理的流程，简化的、烦琐的、无价值的流程，使之整个生产、服务过程合理化。

①对原有业务流程的调整

通过对原有流程进行全面的功能和效率分析，发现其存在的问题：一是寻找现有流程中增加管理成本的主要原因。二是寻找组织结构中不合理的节点。

三是根据市场、技术变化和企业现实，找出业务流程再造的切入点。四是根据行业发展趋势，客户要求，对业务流程关键节点及重要程度重新确认。五是设计新的流程改进方案，并进行评估，包括将现有多项业务或工作合并；业务流程的各步骤的重新排序；权力下放，压缩管理层次；为同一种工作流程设置若干种进行的方式；变更工作场所；减少检查、控制、调整等管理环节。六是制定与业务流程相配套的组织结构，人力资源配置和业务规范等方面的改进规划，形成系统的业务流程重组方案。七是对业务流程重组进行持续改善。

②对原有业务流程的延伸

一般而言，人们认为流程只针对企业内部，而对企业的外部如：供应商、协作商、客户、顾客等缺乏流程的管理。而企业外部与供应商、协作商、客户、顾客的联系是企业价值链中很重要的组成部分，因此，流程再造后，组织框架被打破，企业的流程就延伸到供应商、客户、顾客那里，这样企业才能在市场需求和材料供给，技术革新等形成利益共同体。

③转变流程实现方式

随着信息化的浪潮，也影响着企业的流程再造。信息技术为流程再造提供了强有力的手段和契机，信息技术与流程再造的有机结合，加快了流程的速度，提高了工作准确度，有利于实现信息共享，提升流程的工作效率。

> **小贴士 Human Resources**
>
> 流程的标准化是提高管理和运营效率的有利手段，它是企业流程操作化繁为简的有效工具。即针对经营管理中每一个环节，每一个部门，每一个岗位，以人为本为核心，制定细致化、科学化、数量化的标准，并严格按标准实施管理，才能提高工作效率，以最少的投入获得最大的产品。因此，我们在做流程分析的同时，要把标准化工作落实。

二、企业部门与岗位职能的分析

对企业部门与岗位职能的分析，就是通过对部门与岗位职能分析，根据业务流程管理与协调的需要，对部门与岗位进行重新设计与调整，以达到压缩管理层次，精简机构，提高效率的目的。

1. 部门职能的调整

企业的管理是面向业务流程的，根据业务流程管理与协调来设立部门。部门与岗位都是流程的执行单位，在我们进行流程的调整与优化时，必然涉及部门与岗位的重新设计与调整。

（1）职能的统一：同一职能一般只能由一个职能部门去管理，一项职责不能由多个部门去承担。否则就会出现多头管理的乱象，造成机构重叠，政出多门。因此必须取消重叠的机构与多条的层次。

（2）职能的合并：是指将原来分属于不同部门的职能进行统筹规划，合并由一个部门或岗位来承担。一是在横向组织方面适当简化专业分工，实现结构综合化，凡是能由一个部门能完成的业务就不再设立其他部门去执行。二是对临时性的项目小组，在项目完成后需转化为常规性职能的就分配到相应的部门中去。

（3）职能的分解：根据企业的现状和社会的发展，技术的进步，有些综合性职能原由一个部门来完成的，随着难度的加大，以及企业战略的需要拆分，使原来部门更专注、专业，充分满足组织目标需求。

（4）职能的转化：在传统的组织中，职能部门一般都是起指导监督的作用，然而现代的管理中强调的是以"客户"为中心的管理思想，每个部门或岗位不仅要起监督指导作用，更多的是为"客户"提供完善优质的服务。这里的"客户"不仅是指企业的外部"客户"，也包括企业内部业务链上的上游部门岗位，横向部门岗位，下游部门岗位。这种职能转化既包括具体职能和职责改变，更重要的是观念、意识转变。

（5）职能社会化：随着企业的发展，为了使企业专注于专业，对一些不熟悉的，需要花费或分有大业务的部分职能社会化，如"人事外包"。

> **小贴士 Human Resources** 落实为岗位的职能，不是简单的划分，应该坚持科学分类、性质相近、流程顺畅、难易兼顾的原则。

2. 岗位合理化检查

岗位是指在特定的组织体系中，在一定时间内，由一名员工承担若干项工作任务，并具有一定的职务、责任、权限的最小单位。由于岗位分析的对象是企业中的每一个具体的岗位，如果岗位设置不合理，或者岗位本身对企业发展没有实际意义，那么对其进行工作分析不仅也无意义，还浪费大量人力、物力、财力、时间。因此在做岗位分析之前，必须首先要检查现有岗位的合理性。

（1）判断每个岗位设置是否合理，应把岗位放在其所在的组织结构系统中去考察，看是否有利于组织的存在和发展，有利就合理，无利就应取消该岗位。

（2）看每个岗位在组织结构中的功效是否足够。一般在岗位设置时是以组织的整体发展战备为主线，进行总目标、分目标的层层分解来落实的。

（3）看组织的岗位数量是否最优化。数量过多会出现人浮于事，推诿扯皮现象，增加企业的显性与隐性成本；人数太少，又影响企业生产经营活动的开展。

（4）看组织中岗位功能等级是否合理。岗位功能等级是由所担负的职责大小、任务轻重来决定的，功能等级高的岗位，责任就大，任务难度就高，反之则低。

（5）看组织中岗位的关系是否协调。一个岗位只能有一个直接上级，否则出现多头领导，让岗位任职者无所适从，这样的岗位就不合理。

> **小贴士 Human Resources**　岗位与岗位的任职者是不同的概念，有不同的含义，我们有很多企业都把它混为一谈。例如，把厂长这个岗位与担任厂长职务的"人"等同起来，以"人"为基础来进行岗位分析，其结果使岗位分析走入了误区。

三、明确岗位分析的目的

岗位分析的目的就是要解决岗位存在什么样的问题？是职能缺失？职责不清，无考核标准？抑或分配不合理等。因此，方剑雄根据岗位分析的目的不同，所要解决的问题列出了一个清单：

表 5-1　岗位分析的目的与解决问题列表

目的	解决问题点
组织再造与岗位设置	明确岗位在业务流程与组织体系的定位 明确岗位的职责、权限、工作关系 明确部门职能与岗位职能
招聘	明确岗位的任职条件与岗位职责
培训与开发	明确岗位职责，岗位的任职条件 明确岗位的工作任务与考核标准
绩效考核	明确工作任务与考核标准
薪酬设计	明确岗位工作量，岗位的相对价值

四、岗位分析小组的组成

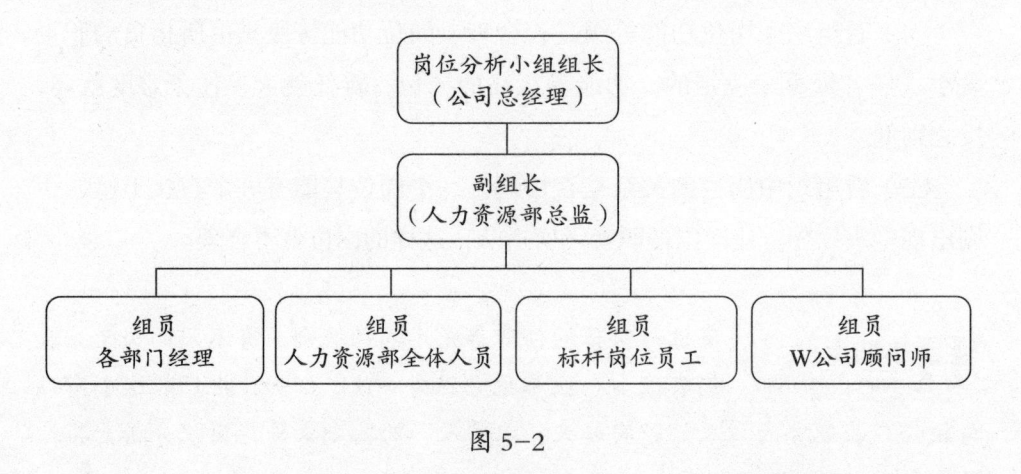

```
          岗位分析小组组长
          （公司总经理）
                │
            副组长
       （人力资源部总监）
                │
   ┌────────┬────────┬────────┐
  组员      组员      组员      组员
各部门经理  人力资源部  标杆岗位员工  W公司顾问师
           全体人员
```

图 5-2

　　企业的岗位分析人员都缺乏专业素质，所以一般企业的岗位分析是一项技术性的工作。

　　岗位分析工作由企业的总经理领导，由人力资源部主管主导，人力资源部门人员担当岗位分析资料的收集、岗位调查、信息的整理、编制职务说明书等工作，而由外聘顾问师（如有可能）担任访谈提纲、问卷的设计、岗位分析工作的评估，以及辅导各岗位职务说明书的填写。

> **小贴士 Human Resources**
>
> 有很多企业在成立岗位分析小组时,认为由人力资源部门主管担任组长即可,这样就造成岗位分析工作是人力资源部门的事情,其他部门只是辅助人力资源部来做岗位分析,既不能很好地统筹整个公司的资源,权威性也不够,给岗位分析工作带来很大的障碍。建议岗位分析工作要按项目管理的方式来运作,并且公司总经理一定要亲自挂帅。

02 岗位分析的计划实施

一、岗位分析工作内容与工作计划

岗位分析是一项系统性的工程,开展工作的时间周期较长,几乎所有的部门都要协调配合工作,所以建立一套详尽的岗位分析的工作进程与时间计划,实属重要。加强整个岗位分析工作的过程控制,才能保证工作有序地、按时地、顺利地进行。

因此,要以人力资源部为牵头部门,召集部门经理,在总经理的协助下,对岗位分析有哪些工作内容,每项工作内容具体谁是责任人,哪些人参与协作,什么时间完成,进行了充分讨论,取得了各部门经理共识,对整体的岗位分析工作安排,做出了以下的计划:

表 5-2 岗位分析的工作内容与工作安排

序号	岗位分析工作内容	责任人（组织者）	参与人（协助者）	时间安排
1	首次会议召开,宣导岗位分析的意义与目的	总经理	各部经理、标杆岗位员工、HR人员	＿＿年＿月＿日 共＿天或＿小时
2	成立岗位分析小组,召开第一次小组会议	人力资源总监	岗位分析小组成员、HR人员、各部经理	＿＿年＿月＿日 共＿天或＿小时

续表

序号	岗位分析工作内容		责任人（组织者）	参与人（协助者）	时间安排
3	收集岗位分析相关资料	组织结构图，定编定员表，各岗位职务说明书	HR部A××	各部文员	从__年_月_日 至__年_月_日 完成
		业务流程图，部门职能说明书，人务资源管理制度文件	HR部B××	各部文员	从__年_月_日 至__年_月_日 完成
		各部作业规范，工作说明书，技术规范文件，部门目标，KPI指标	各部文员	各部文件保管人	从__年_月_日 至__年_月_日 完成
		绩效与薪酬制度，资料（一年）	HR部薪酬专员	HR考核员，核算员	从__年_月_日 至__年_月_日 完成
4	确定基准岗位	确定参与分析的基准岗位和任职者代表（见表5-3，岗位分析基准岗位与分析对象一览表）	HR总监 顾问师×××	各部主管 HR部C××	从__年_月_日 至__年_月_日 完成
5	业务流程的梳理		HR总监	顾问师××× 各部主管	从__年_月_日 至__年_月_日 完成
6	岗位合理性检查		HR总监	顾问师××× 各部主管	从__年_月_日 至__年_月_日 完成
7	访谈提纲与调查问卷的设计		顾问师×××	HR总监 各部主管	从__年_月_日 至__年_月_日 完成
8	访谈安排	生产部门	HR部D××	各部主管、文员、岗位任职者	从__年_月_日 至__年_月_日 完成

续表

序号	岗位分析工作内容		责任人 （组织者）	参与人 （协助者）	时间安排
		经营管理部门	HR部E××	各部主管、文员、岗位任职者	从__年__月__日 至__年__月__日 完成
		研发技术部门	技术部×××	各部主管、文员、岗位任职者	从__年__月__日 至__年__月__日 完成
		品质部门	品保部×××	各部主管、文员、岗位任职者	从__年__月__日 至__年__月__日 完成
		业务、营销部门	业务部×××	各部主管、文员、岗位任职者	从__年__月__日 至__年__月__日 完成
		后勤支持部门	总务部×××	各部主管、文员、岗位任职者	从__年__月__日 至__年__月__日 完成
9	问卷调查	生产部门、品质部门、研发技术部门	HR部F××	各部主管、文员、岗位任职者	从__年__月__日 至__年__月__日 完成
		营运部门，后勤支持部门	HR部A××	各部主管、文员、岗位任职者	从__年__月__日 至__年__月__日 完成
10	访谈信息的整理与部门主管和任职者确认		HR部E××	各部主管、文员、岗位任职者	从__年__月__日 至__年__月__日 完成
11	问卷调查表整理，有效问卷及问题确认		HR部F××	各部主管、文员、岗位任职者	从__年__月__日 至__年__月__日 完成
12	分析信息		HR总监	顾问师、HR部人员、各部经理	从__年__月__日 至__年__月__日 完成

续表

序号	岗位分析工作内容		责任人（组织者）	参与人（协助者）	时间安排
13	编制职务说明书初稿	生产部门	HR部D××	部门经理、岗位任职者	从___年_月_日至___年_月_日完成
		研发技术部门	技术部×××	HR部人员、部门经理	从___年_月_日至___年_月_日完成
		经营管理部门	HR总监	HR部人员、部门经理	从___年_月_日至___年_月_日完成
		业务营销部门	业务部×××	HR部人员、部门经理	从___年_月_日至___年_月_日完成
		后勤支持部门	总务部×××	HR部人员、部门经理	从___年_月_日至___年_月_日完成
14	职务说明书审核		总经理	HR总监顾问师×××	从___年_月_日至___年_月_日完成
15	职务说明书培训		HR总监	各部经理、文员、基准岗位任职者	从___年_月_日至___年_月_日完成
16	职务说明书使用反馈与修改		HR总监	各部经理、文员、基准岗位任职者	从___年_月_日至___年_月_日完成

> **小贴士** 岗位分析的过程控制是岗位分析实施的重要手段，再详尽的工作内容，再周详的工作计划，必须辅之于对每个步骤都切实的落实，任何一项计划的拖延与繁衍，必然影响岗位分析的进程。在以往笔者辅导的案件中，都或多或少地产生过有虎头蛇尾，遇难绕行的现象发生。因此执行力好与差也是岗位分析计划实施的关键。

表5-3 岗位分析基准岗位及分析对象一览表(部分示范)

序号	部门			岗位名称	岗位任职者代表
	部门(一级)	课(二级)	组(三级)		
1	人力资源部			人力资源部经理	×××经理
2		人力资源课		人力资源课课长	×××课长
3				招聘与培训专员	×××专员
4				薪酬福利专员	×××专员
5				劳动关系专员	×××专员
6		总务课		总务课长	×××课长
7				行政专员	×××专员
8			福利中心	员工福利专员	×××专员
9			后勤组	后勤组长	×××组长
10			维修组	维修组长	×××组长
11	生产部			生产部经理	×××经理
12		生产计划课		生产计划课课长	×××课长
13				生产计划员	×××
14		物料课		物料课课长	×××课长
15				物料课长助理	×××助理
16				物控员	×××
17			物料组	物料组长	×××组长
18			物料组	物管员	×××
19		设备安全课		设备安全课课长	×××课长
20				设备工程师	×××工程师
21				安全工程师	×××工程师
22				电气工程师	×××工程师

小贴士

有很多的 HR 在选择公司的基准岗位时不知如何下手，也不了解基准岗位的特性，造成选择的岗位不具代表性，那么基准岗位的特征有哪几点呢？一是岗位的工作内容众所周知，相对稳定，且得到从事该岗位任职者的广泛认可。二是岗位相对稳定。三是该岗位能代表当前所研究的完整的组织结构。四是该岗位有相当数量的劳动力。

二、岗位分析工作计划制定注意事项

一份好的工作计划不仅能使组织达成目标，还能促进合理分工，提高工作效率，节约成本。因此制订岗位分析计划应注意以下几点：

（1）岗位分析工作涉及的范围很广，需要各个部门主管与岗位任职人员的密切配合才能完成，其时间安排不合理，甚至与他们工作有冲突的话，就很难保证岗位分析如期进行、按时完成，因此必须与部门主管事先沟通，计划应取得各部门主管支持达成共识。

（2）岗位计划出台后，一定要组织对岗位分析工作内容进行说明，特别是应收集的资料、文件、制度、流程等尽可能列出一份详细的清单，给责任人（组织者）以明确的指导。

（3）计划的实施，必须进行过程控制才能落实。因此，需要岗位分析小组组长，切实按计划去追踪计划完成情况，及时发现问题，主动帮助解决问题，才能保障计划顺利进行。

（4）应注意工作质量，不能为完成任务而忽视信息收集的完整性、有效性、准确性。当对某些具体任务不明确或标准不清晰时，一定要向岗位分析专家（资深管理者、HR 管理者、顾问师）去咨询，不要资料、信息收集完成了，可是对岗位分析工作的目标与方向南辕北辙。

三、确定信息收集的范围和方法

1. 确定岗位分析信息收集的范围

岗位分析信息收集的范围很广。既包括企业的外部相关信息，也包括企

业的内部相关信息。综合起来有三大类：一是工作的背景信息，二是与工作相关的信息。三是与岗位任职者相关的信息。

（1）工作的背景信息。包括：企业愿景，战略目标，企业文化特征，企业长、中、短期规划，年度经营目标、计划与预算、企业的组织结构、业务流程、管理流程、人力资源管理制度、产品与服务、核心技术、行业信息、客户信息、供应商信息、顾客信息、市场信息以及竞争对手信息等。

（2）与工作相关的信息。包括岗位设置，岗位在组织中的地位与作用，岗位具体工作内容，岗位职责、工作权限、工作负荷、内部沟通关系（上下级关系，横向同部门岗位，同事关系等）、外部沟通关系（客户、供应商、顾客、行业组织、政府与社会组织等）。工作条件（使用设备、工具，工作环境，岗位特征，工作地点），其他工作特征（职位对组织贡献度，过失损害程度，履行职责所承担的风险，工作的难易程度，工作的独立性、创新性）。

（3）与岗位任职者相关的信息。包括任职者的受教育经历（学历、专业背景、培训经历、实习经历），职业经历，职位相关工作经历。性别、年龄、健康状况、岗位资格证书，基本技能（语言表达能力、文字书写能力、电脑水平、软件使用熟练度、外语水平、工具使用水平等），业务知识（与岗位有关的必须掌握的专业知识），管理知识（从事本岗位管理必需的管理知识），个人特质（分析判断能力、逻辑思维能力、统筹策划能力、执行力、创新力、组织能力、领导力、应变能力等）。

2. 岗位信息收集的方法选择

岗位分析方法分为定量的方法和定性的方法。定性的方法主要有访谈法、问卷法、观察法等；定量的方法主要有管理职位分析问卷法，功能性工作分析法等。在进行岗位分析活动时，要根据企业的发展阶段、企业文化、管理水平、员工素质水平等因素，选择合适的方法，同时要考虑岗位分析的技术水平，岗位分析人员的专业素质，哪种方法成本费用较低。为了获得全方位的信息，一般企业会选择几种方法来综合考虑实施。

（1）观察法：是岗位分析中获得工作信息的普通方法之一。观察法成功的关键是对观察对象的选择和沟通,它需要有充裕的时间来准备,需要观察人员具有较高的专业素质、观察技巧,适用于大量标准化作业,工作内容简单明了的重复性的岗位工作,以及文化水平有限,或不善于用口头与文字来描述他们岗位职责的岗位任职者;不适合从事脑力劳动的岗位和从事的岗位的工作内容与活动不规律的岗位。

观察法需了解的内容是:工作的对象是什么?需要完成什么样的工作,为什么要完成这项工作;完成此工作需哪些设备和工具,和哪些岗位发生关系,其沟通的频率是多少等。

(2)访谈法:可获得观察法无法获得的信息。通过对基准岗位的任职者,任职者的上司,任职者同事等相关人员进行一对一或者一对多的面对面交谈来收集工作信息、数据,它可以较深入了解做什么工作,做这些工作的意义与作用,如何来做这些工作,完成工作的标准是多少。它是一种广泛应用的岗位分析方法,适用于所有的岗位与岗位任职者。

访谈法采用的是面对面的交流方式进行,对岗位分析人员的素质要求较高,对问题的理解要透彻,对访谈技巧的把握与运用要恰到好处,既不能使访问对象紧张,不知所措,也不能凭主观思维诱导访谈对象,更不能使访谈跑出访谈提纲,使访谈会变成讨论会、争论会。在访谈对象回答问题时,有可能因为自身理解问题或者某些顾虑,很有可能只讲好听的,不讲错失点;只讲次要的,不说主要的;只讲对自己有利的,不讲对自己不利的;只讲别的岗位不合谐的,不讲其他岗位的优点等。因此对访谈对象的回答的准确性、有效性还待验证,所以访谈法不能单独使用,一定要与其他方法结合使用,才能使获得的信息完整、准确、有效。

(3)问卷调查法:是岗位分析方法中花费的精力最少,也比较节省的方法。它是由岗位分析专家人员(也可以是外部的专家,也可以是企业内部具有岗位分析专业知识的人员),根据企业的岗位情况,事先设计好各种需获得信息的问题,形成一份完整的问卷,然后通过问卷填写培训与辅导,由岗位任职者填写调查问卷,来获取工作信息。问卷调查法收集信息应注意以下几点:一是问卷设计内容简明扼要,能反映应收集的岗位信息内容。二是对填写者一定要进行先期培训与辅导。三是注重对问卷的名称、问题、答案等进行标准化编码，对后期利用计算机统计，分析缩短时间。

问卷调查法只要问卷设计到位，收集的信息准确、规范，含义不易混淆，它不与任职者工作时间相冲突，甚至可以允许岗位任职者带回家去填写。但是如果要准确地把问卷填写，还应具备一定的知识水平和理解能力的，因此，它不适合文化水平较低的岗位任职者。一般都是选择以问卷调查为主要岗位分析方法，再辅以访谈法、观察法等开展调查工作。

（4）日志法：是让岗位任职者把每天的工作任务，活动按要求用记录表的形式记录下来，供岗位分析人员了解该岗位工作信息的方法。它主要是收集工作职责、工作内容、工作关系、劳动强度等方面的信息。它的可使用范围较小，只适用于工作循环周期太短，工作状态较稳定的岗位和人员。

日志法受岗位任职者的知识水平所限，适用面窄，每做一件事情或完成一件事情就要做记录，干扰了员工正常工作。如果员工对岗位分析工作不重视或者岗位工作任务本身就比较繁重、烦琐，就会遗漏许多关键的信息。再加之若未经培训或培训不到位，所记日记内容混乱，语句不通，隐藏某些活动或者夸大某些行为，给日志的整理、归纳工作增加非常大的人力、物力。因此它只作为一种补充的岗位分析调查方法使用。

（5）关键事件法：是指将工作成功或失败的职务行为或对岗位工作造成显著影响的"关键事件"，详加记录，收集信息后对其岗位特征和要求进行分析研究的方法。它的主要目的是可以有效识别关键的工作任务和重要的工作职责，以及工作业绩的好坏（成功与失败、盈利与亏损、高效与低能等）。关键事件法收集的信息内容包括：导致该事发生的原因与背景；有效的或多余的行为；行为产生的后果；这些后果是否为任职者所控制。它适用于员工较多或者岗位工作内容过于复杂的岗位调查，不适用于岗位工作内容简单，工作任务稳定的岗位调查。应用关键事件法收集岗位信息应注意：一是调查的期限贯穿于整个事件的始终，不能只调查事件的一个阶段；二是不仅要收集对个人与组织产生积极影响的关键事件，也要收集对个人与组织产生消极影响的关键事件；三是关键事件的数量需足够说明问题，事件数目过少不能充分反映岗位的问题。

表 5-4　岗位分析方法实施的步骤与计划

步骤	内　　容	时间安排
1	取得岗位的基本信息：包括公司已有的相关文件和资料（组织结构、部门职能表等），初步了解岗位职责、工作流程和部门职责	×周
2	列出各个岗位主要任务、岗位职责、特点、岗位任职条件等内容	×周
3	对问卷调查表的填写要求及注意事项进行培训	×天
4	发放问卷调查表，辅导填写与回收整理	×天
5	对问卷调查表无法反映的岗位问题进行访谈	×天
6	对任务烦琐的岗位进行调查与访谈，同关键事件人员座谈，深入了解更多岗位信息	×天
7	以上步骤收集的信息整理确认后，再拟定需进一步明确或补充的问题	×天
8	深入工作现场进行细致观察，对前期调查获得的信息进行澄清和补充	×天
9	对从文件查阅、问卷调查、访谈、现场观察得到的信息进行分类整理，得到每个岗位所需的各种信息	×天
10	对整理好的信息进行岗位描述，形成职务说明书初稿	×天

小贴士 Human Resources　岗位分析信息的收集也要考虑到企业的性质，规模技术等因素。企业规模小，处于发展的初期，建议以同类型、同行业、同地域其他企业的样本为主，这样既能节省成本和时间，又不会使收集的信息偏离目标太远，对信息的甄别还是需要专业的人员较好。

03 信息分析总结

在完成信息的收集工作后，岗位分析小组成员就要对所收集到的信息进行分析、归纳、整理，获得各种规范化的信息，从而对岗位进行描述。

一、整理资料

将通过以上步骤收集到的信息按职务说明书内容的各项要求进行分类、整理，然后检查各个岗位的项目是否有遗漏。如有缺失则按以上步骤，继续调查收集，直至每个岗位的信息完整。

二、审查信息

保证岗位分析人员通过各种渠道和方法收集到的相关信息的真实性、准确性和有效性，对信息的审查就变得尤为重要。核对工作既有助于确定岗位分析获得的信息是否准备完整，也有助于确定这些信息能否被岗位任职者及其相关人员理解。所以一般的审查步骤是：第一，由岗位分析人员与实际岗位工作的承担者共同讨论，对收集的岗位信息确定认可。第二，将岗位任职者及相关人员认可的信息资料，交与该岗位的直接领导审核。第三，信息工作审查结束后，岗位分析小组还应送领导人审核确认。如此这些信息才能成为真正所需的信息。

三、分析总结

分析总结阶段是岗位分析的一个重要阶段。对岗位信息的分析就是要创造性地发现岗位的关键问题，归纳、总结出岗位分析所必需的材料和要素，使之转化为规范化的书面文字资料，为下一步工作描述做准备。一般来说，对岗位信息分析包括以下内容：

1. 岗位名称分析

岗位名称的命名应当正确地反映该位置与功能特征，符合国际、国内、行业的通行标准，企业内部习惯，不产生歧义；名称还应具美感和吸引力，符合人们的一般理解，使人们通过名称就能了解工作的性质、内容等信息。如理发匠与洗头工就比美发师和造型师逊色得多。岗位名称也应标准化，约定俗成。如总经理助理，助理总经理让人不知所云。

2. 工作内容分析

是为了全面地认识工作，它包括以下内容。

（1）工作任务分析：是对工作任务、工作内容的独立性、多样性，工作的程序与方法，设备与工具的运用的分析。

（2）工作职责与权限分析：即要明确该岗位具体的工作是什么？该岗位应承担什么样的责任，以及行使哪些权限等。如对500元以下的设备与工具的审批权，30天以内的事假的核准权限等。

（3）工作关系分析：即对工作中或与工作有关的分析。包括制约与被制约关系、横向协作关系、监督与被监督关系，指导关系等。明确该职位会与哪些工作发生关联，会对哪些工作产生影响，受到哪些工作的制约，与谁发生协作关系。

（4）工作量的分析：是对体力与脑力消耗程度、标准工作量、劳动定额、绩效标准等明确的界定。

（5）工作时间的分析：是对工作循环周期、作业班次、标准作业时间、出差概率的确定。

3. 工作环境分析

对岗位任职者工作所处的环境进行分析、确定，该职位的工作条件和环境，包括以下三个方面：

（1）工作所处的物理环境分析：包括噪声、烟尘、异味、污秽、温度、湿度、照明度、辐射等。对这些指标分析时还应借助一定的工具，然后依据国家有关标准，确定其等级系数，以及接触环境的频率与时间。

（2）工作安全环境分析：包括工作环境的危险性、危害性、危害程度发生概率、职业病、工业卫生等安全因素。

（3）工作的社会环境分析：包括工作地域的生活舒适度，工作的孤独与单调程度，人际交往和谐程度等社会因素。

4. 岗位任职者的条件分析

任职资格分析的目的就是确认岗位工作的执行人员具备的最基本的任职资格条件，根据岗位工作的需要，确定岗位所需的学历、经验、技能、特质。避免大材小用或小材大用，它包括：

（1）必备的知识分析：是指对任职者必备的基本知识技能分析，包括：最低学历、专业要求；对相关政策法律标准的通晓程度；对设备、工具使用的熟练程度；对软件运用的程度，以及对材料、技术、品质、工艺、管理等相关知识的最低要求。

（2）必备的经验分析：是指对任职者的基本工作经验的分析，包括：本岗位工作经历，相关岗位工作经历，专业训练要求以及对业务流程、工艺流程、作业流程、工作方法等的实际经验。

（3）必备的身体素质分析：是指对任职者从事岗位工作具备的基本身体条件，包括视力、色盲、负重能力、身体灵活度、手眼腿协调性、感觉、嗅觉、耐力等。

（4）必备的能力分析：是指任职者完成工作任务必备的能力，包括：决策力、判断力、创造力、执行力、组织力、协调力、记忆力、智商、情商等。

（5）必备的心理素质分析。是指任职者从事职务的职业性向，心理稳定性、气质等，它包括工作中应具备的耐心、细心、沉稳度。

> **小贴士 Human Resources**
>
> 不论以哪种岗位分析的获得的岗位信息，最终都是需要归纳、整理，然后分析形成职务说明书，对浩繁的信息量的处理既是烦琐的事务，又必须是客观的、全面的。因此，传统的人工统计的方法达不到精确的要求，这就要求我们在岗位信息收集前对各种岗位分析方法的选择，设计问题时进行标准化管理，以方便信息的海量处理。

四、问题表述与答案的标准化

不仅是访谈、问卷、关键事件，管理岗位描述要对所有问题标准化，即一个问题在各种岗位分析方法中的含义、内容、标准句式答案都应该统一，即唯一性。而且在观察法、日志法、参与法等获取的岗位信息的整理时，也应保持某个问题的表述、内容、答案的统一性、唯一性。

五、编码

所谓编码，就是对每一份问卷（或整理的记录表）和问卷中的（记录表中的）每一个问题，答案编定一个唯一的代码，并以此方便计算机处理。

1. 前编码

一般是指结构化的问卷，在设计问卷时就设计了编码。包括：

（1）问卷的编码：包括调查对象的地址、类别和用户代码。

（2）时间代码：包括调查开始、结束、合计时间。

（3）问题代码：岗位所有问题。

（4）答案编码：岗位所有问题的标准答案。

（5）评价结果代码：包括调查员和评价结果。

2. 后编码

这里仅指问题答案编码，一般是指非结构化方式获得问题的答案，即在岗位调查结束后根据问题表述标准化的要求，对答案的具体情况再编定代码。这里需要注意的是在归纳、整理、调查信息时对问题与答案必须标准化、统一化。

3. 编码样例

学历的编码可设计为：X_1~X_6，X 代表学历代码，1~6 代表学历层次：1 代表初中，2 代表高中（中专），3 代表大专，4 代表大学本科，5 代表硕士研究生，6 代表博士研究生。

04 结果的形成与反馈

通过对收集、整理的岗位信息的分析与总结，整理出每个岗位的分析报告，在此基础上按照统一格式，使用规范的语言，明确岗位职责，任务权限及任职者基本条件，形成职务说明书初稿。

一、岗位分析报告

它是通过对某个岗位的确定分析的目的，制定分析的计划以及分析采用的调查方法来获取岗位信息，并对信息进行分析、确认，形成职务说明书的一系列过程的总结，以下是以"人力资源专员"岗位为例的岗位分析报告。

人力资源专员岗位分析报告书

（一）岗位分析的目的：通过对人力资源专员职务分析达成以下目的。

1. 为人力资源规划提供信息。

2. 为招聘录用提供明确标准。

3. 为培训开发提供明确依据。

4. 为实现组织职能奠定基础。

（二）岗位分析人员：×××，×××

（三）分析对象：人力资源专员

（四）岗位分析计划安排

1. ____年__月__日至____年__月__日，对涉及该岗位文件、资料收集，确认阶段。

2. ____年____月____日至____年____月____日，岗位调查阶段。

3. ____年____月____日至____年____月____日，岗位信息整理，形成报告阶段。

4. ____年____月____日至____年____月____日，形成职务说明书阶段。

5. ____年____月____日至____年____月____日，运行试用，定稿阶段。

（五）选择岗位调查的方法

1. 采用问卷调查法对人力资源专员职务的每项工作、任务、责任、权利、工作负荷、任职条件等有一个全面了解。

2. 采用访谈法对问卷方法已经了解的与未能了解的问题进行确认与补充。

3. 对人事的关键事件进行访谈，进一步完善岗位信息。

（六）分析、收集、综合所获得的信息资料

1. 岗位名称分析：人力资源专员也叫人事专员，是处理人务资源管理事务的初级职务。

2. 工作概述分析：参与公司的人力资源规划，完成人力资源管理中的各项事务，保证公司人力资源供给、保留以及人力资源高效利用。

3. 工作规范分析

（1）工作任务、工作责任与占用时间分析

重要性	具体工作内容	占用时间
1	实施公司人才招聘和人才储备管理（根据定岗定编，及公司人力需求，制订招聘计划，组织招聘、录用；开发调整人才测评工具；开拓招聘渠道，建立关键岗位人才储备数据库。保证普通岗位职位空缺时间不超过 20 天，技术与管理岗位空缺时间不超过 40 天，招聘达成率 95% 以上，面试合格率在 60% 以上）。	20%
2	员工人事手续办理及档案管理工作（入职手续、转正手续、劳动合同手续、晋升/晋级手续、异动手续、调薪手续、离职手续、社保福利手续、人事证明手续、人事报告审核等，出错率 0%）。	10%
3	负责组织实施员工培训管理（制定年度培训计划，按计划组织培训老师、培训教材、场地、设施。保证每个岗位达到培训时数要求，员工培训参训率 100%，合格率 90%；组织新员工入职培训实施不低于 8 小时培训及外训的申请、审核）。	15%
4	负责组织实施绩效考核（按照公司的绩效管理制度对各部门的月度考核结果审核、汇总与反馈，次月 10 日前完成；督促各部按时对员工考核及绩效改善，对改善结果每季度汇总评估一次）。	15%
5	员工关系管理（受理员工投诉，并在 3 日内完成调查与回复，重大问题 15 日完成调查与答复；每年发放一次员工满意度问卷，负责制定满意度调查问卷内容并汇总进行分析，提交上级）。	5%
6	公司企业文化建设（每月组织实施员工生日晚会；每年公司的尾牙晚会、每年的文体活动组织实施、员工福利基金的收支统计、每月公布一次、困难员工帮扶计划实施、每年职业技能比赛的组织）。	15%
7	负责员工的合同管理（根据劳动法律法规对劳动合同范本每半年审查一次；并按规定在员工入职一个月内保证签订劳动合同，每月 3 日前盘点劳动合同到期情况，并在员工合同到期前 7 天续签或到期终止）。	5%
8	员工的各项保险、公积金的管理、核算及申报缴纳（要求每月 27 日前完成）。	5%
9	草拟人力资源部相关的通知、通告（人事任免、节假日安排、相关制度公布、企业文化活动安排、员工意见回收、重大事件通告、奖惩通告等），报人力资源部审核，报终审人核准发布。	5%
10	按时完成上级交代的临时性工作。	5%

（2）工作关系分析

上级岗位名称：人力资源部经理；

本部门名称：人力资源部；

有无兼职：无；

下级岗位名称：人事助理；

所辖人员：2人；

内部协调关系：公司各部门；

外部协调关系：人力资源局、社会保障局、公积金管理中心、工会、各大招聘机构与网站、高等院校、培训机构等；

职位等级：六级。

（3）工作权力分析

对人力需求计划的建议权；

对公司编制各类制度的审查权；

对员工手册及相关人事制度的解释权；

对员工考核数据和事项的监督核实权；

对员工投诉的调查核实权；

对下属员工的考核权；

对本部门预算费用使用权。

4. 工作环境分析

工作场所：办公室安装空调，基本无危险性，无职业病；

使用工具设备：电脑、打印机、复印机、电话机等；

工作时间特征：正常工作时间、偶尔加班；

所需记录文档：劳动法规、公司文件、通知、简报、汇报、工作总结、会议记录等。

5. 任职资格分析

（1）年龄：25~38岁；

（2）性别：不限；

（3）学历：大专以上学历，人力资源、企业管理、中文、行政类相关专业；

（4）资格证书：助理人力资源管理师以上资格证书或相关资格证书；

（5）经验要求：2年以上人力资源基础工作经验，制造性企业工作经验者优先；

（6）基本要求

熟悉国家与地方人力资源劳动关系管理、工会政策、法律法规。

通晓人力资源管理知识、掌握有关人力资源管理的各项规章制度，具有行政管理知识。

熟练掌握培训技术专业知识及各种培训方法，有讲师经历。

熟练使用各类办公软件，具有网络基本知识，ERP操作技能。

具有一定的分析判断能力、决策能力、计划与执行能力、人际沟通能力、谈判能力、学习力、写作能力与语言表达能力，具有四级英语水平。

性格开朗活泼又不失稳重、积极主动乐观向上，具亲和力，责任心、原则性强，有耐心，保密意识强。

（七）分析结果：形成职务说明书

岗位分析的直接成果就是形成职务说明书，通过一系列岗位分析活动，充分了解分析后，开始职务说明书的草拟。形成对企业具有法规效果的正式文本，它是企业中各项人力资源管理的依据，完整的职务说明书内容应包括职务概况、职务说明、任职资格等方面。如岗位名称、职等职级、所属部门、编写日期、编制、上下级关系、岗位存在的目的、职务概要、工作任务、工作职责的定义，职务的目标、该岗位使用的设备人员、工作条件与环境内容、胜任工作需要的教育水平经验、培训、性别、身体条件、能力、知识、个性等要求。

二、职务说明书的应用与反馈

职务说明书虽然是取自岗位与岗位任职者，但是毕竟是由岗位分析人员编制的，实际的应用者还是从事岗位工作的员工。因此，使用前应对职务说明书进行培训，使岗位工作者充分了解职务说明书的意义和内容，及各部分的含义，以及如何使用说明书。

职务说明书使用过程中，由于企业环境的变化、技术的进步、创新能力的增强，直接影响企业岗位存在，岗位任务与职责的变化。所在企业应与时俱进，根据实际情况及时反馈，适时调整职务说明书。同时企业也应定期盘点，检查职务说明书是否适合实际工作需要，在使用过程中不断修正与调整。

> **小贴士 Human Resources** 职务说明书的修订周期一般为一年，但也不是一成不变的。如果企业处于稳定发展期，则只需进行一年一度的年审后进行修订；如果企业处于初创期或转型期，因外部变化节奏加快，建议每半年进行一次审查，修订为宜。

第6章

职务说明书的编写

如何编制公司岗位设置表

如何规范企业的岗位

如何规范岗位描述的用词、用语

如何建立岗位能力分级表

岗位职责描述的编写要点有哪些

岗位任职资格编写的要点有哪些

如何撰写一份合格的"职务说明书"

依照职务说明书选拔人才的陷阱是什么

01 岗位设置表的编制

岗位设置表是岗位设置工作的最后成果,是企业规范化管理的一个正式的、重要的文件。岗位设置表通常有部门职位设置表和公司岗位设置表两种形式。

一、部门职位设置表

按照各个部门、各个单位的岗位分别设置的表称为部门岗位设置表。这种表主要是介绍部门内有几个岗位、工作职责等,每个部门一张表。例如,公司一共有 11 个部门,那么就要有 12 张表。其中公司高层,如公司总经理、各个副总或者总监之间的分工也要有一张岗位设置表。

企业下属单位,如中心或者实验室也要单独一张表。如果是地区公司或者分公司,可能跟总公司一样要有两个层次;一个层次就是分公司的领导要有一张表;另一个层次是分公司各个部门要有一张表。

岗位设置表跟岗位说明书是不一样的。岗位说明书是把岗位的主要职责、部分责任、支持责任全部写清楚,岗位设置表只写主要职责。例如,表 6-1 某公司企业管理部岗位设置表。

表 6-1 管理部岗位设置表

部门名称		企业管理部	
本部门岗位设置总数(个)	5	本部门总人数	6

续表

岗位名称	职位人数	主要职责分工
部长	1	全面负责集团的发展战略研究与管理、集团规章制度管理、企业文化建设管理、合同、法律事务管理以及计算机网络和信息化管理。
企划专员	1	集团发展战略研究与管理、集团刊物的编辑等。
企管专员	1	组织规章制度的编制、上报、审批,企业文化建设管理。
网络信息专员	2	网络软硬件维护、网上信息编辑发布、筹建集团信息化管理系统、办公自动化系统管理。
合同法律专员	1	处理集团、各子公司的法律纠纷和各类经济合同管理与法律咨询,参与重大合同谈判及起草以及员工法制教育和其他法律事务。
备注		

小贴士 Human Resources 这里需要提醒的是:部门岗位的设置,一定要根据部门的职能的大小来通盘考量,并有足够的工作量来支撑岗位的存在价值。如果设置的岗位工作量不足,则应考虑将其他岗位的职责充实在该岗位,或者撤销该岗位将职责归并到其他岗位中。

二、公司岗位设置表

公司岗位设置总表把全公司的岗位统一排成一张大表,上面只写明岗位编号、岗位部门、岗位名称而不写岗位职责,总表包括三个栏目。

1. 岗位编号

规范化管理中,文件前面都有一个英文字母。例如,岗位设置用G,G后面的数字表示一个部门,假如公司有11个部门,分别用G—1、G—2等表示,分别表示企管理部、生产部等。如果是第一个部门的第一个岗位就叫1001,第二个是1002等。这样编的好处是:实现计算机化、信息化管理的时候比较方便。

2. 岗位部门

每家企业都由若干个部门组成，不同的岗位也分别隶属于各个部门。例如，生产管理员这个岗位就隶属于生产部。

3. 岗位名称

首先确定称呼方法，如公司的最高领导有的叫总裁，有的则叫总经理等等。各部门的领导有的叫部长，有的叫经理。部长或者经理之下有的单位叫主管，有的单位叫专员。科员里面能承担一定责任的、级别相对高一点的叫主任科员，承担一般责任的可能叫作员工管理员、培训员等。这样就把公司的所有岗位的名称统一起来，列在岗位设置表里。

表 6-2　某科技集团有限公司岗位设置总表

部　门	岗位编号	岗位名称	职位人数（人）
公司总部	HT—G—I	董事长	1
	HT—G—II	总裁	1
	HT—G—III	运营总监	1
	HT—G—IV	市场总监	1
	HT—G—V	财务总监	1
	HT—G—VI	行政总监	1
	HT—G—VII	技术总监	1
			合计 7 人
总裁办	HT—G—1001	主任	1
	HT—G—1002	秘书	1
	HT—G—1003	司机	1
			合计 3 人
管理部	HT—G—2001	部长	1
	HT—G—2002	企划专员	1
	HT—G—2003	企管专员	1
	HT—G—2004	网络专员	1
	HT—G—2005	法律专员	1
			合计 5 人

续表

部　门	岗位编号	岗位名称	职位人数（人）
生产部	HT—G—3001	部长	1
	HT—G—3002	计划统计专员	1
	HT—G—3003	生产调度专员	1
	HT—G—3004	设备管理专员	1
	HT—G—3005	安全管理专员	1
			合计 5 人
资产管理部	HT—G—4001	部长	1
	HT—G—4002	资产管理专员	1
			合计 2 人
技术发展部	HT—G—5001	部长	1
	HT—G—5002	技术管理专员	1
	HT—G—5003	技术研发工程师	3
			合计 5 人
质量管理部	HT—G—6001	部长	1
	HT—G—6002	质控工程师	1
	HT—G—6003	认证工程师	1
	HT—G—6004	质检工程师	1
			合计 4 人
财务部	HT—G—7001	部长	1
	HT—G—7002	资金管理专员	1
	HT—G—7003	成本管理专员	1
	HT—G—7004	会计师	1
	HT—G—7005	出纳员	1
			合计 5 人
审计部	HT—G—8001	部长	1
	HT—G—8002	审计师	1
			合计 2 人

续表

部　门	岗位编号	岗位名称	职位人数（人）
融投资管理专员	HT—G—9001	部长	1
	HT—G—9002	融投资管理专员	1
			合计2人
人力资源部	HT—G—10001	部长	1
	HT—G—10002	人事培训专员	1
	HT—G—10003	薪酬福利专员	1
			合计3人
行政部	HT—G—11001	部长	1
	HT—G—11002	行政管理专员	2
	HT—G—11003	基建管理专员	1
	HT—G—11004	基建管理员	3
			合计7人
		职能部门总计	50人

小贴士 Human Resources　岗位名称的确立应建议从以下几个方面着手：一是管理国家职业标准的分类规范，见《中华人民共和国职业分类大典》。二是参照美国2010年修订的职义分类标准。三是参照行业的通行标准。四是参照本企业的约定俗成。

【管理分享】　企业岗位管理办法

制度名称		岗位管理办法	
版次	A	文件编号	编号部分
签发		签发日期	页　码 　第__页，共__页

续表

内容	一、目的 　　为建立统一、规范和科学的岗位管理体系，明确界定岗位的名称、职责和权限，为有效进行人力资源管理工作提供基础，特制定本办法 二、适用范围：本公司所有部门与人员 三、管理内容 　3.1 岗位设置与编制 　3.1.1 岗位设置的原则 　　① 按需定编，按编定岗，按岗定责的原则。 　　② 遵循最低数量的原则。 　　③ 各岗位有效配合的原则。 　　④ 责权统一的原则。 　　⑤ 合适管理幅度的原则。 　3.1.2　定编、定员 　　人力资源部根据企业的年度经营目标和现有编定，每年12月底编制确定全公司人员编制，各部分依据部门目标和职责拟定岗位和人数，报人力资源部审核后，提请公司总经理办公会议审议通过后实施。 　3.1.3　岗位的调整 　　根据公司的经营目标、产品、技术水平等综合考虑，并进行组织结构、业务流程分析后，可调整公司现有的岗位编制，它包括新增加和撤销二种方式。 　　① 新增岗位：因公司增加经营计划，开发新产品，技术更新等公司实际运营状况发生变化，可以设置新的岗位，具体程序是：用人单位提出申请→填写"岗位调整申请书"→人力资源部审核→总经理办公会合议→总经理审批→人力资源部变更组织结构和编制→人力资源部编制新岗位职务说明书。 　　② 撤销岗位：各职能部门因规划取消、产品变更、技术淘汰等客观情况发生，该岗位已经失去职能的可以向人力资源部提出撤销岗位申请。具体程序是：用人单位填写"岗位调整申请书"（附上该岗位职务说明书）→交人力资源部审核→总经理办公会合议→总经理审批→人力资源部下发撤销岗位通知予以撤销（被撤销岗位仍残留个别职能的，人力资源部应分析后将此职能划入相关部分或岗位）。 　　③ 整合岗位：每年年底人力资源部应对公司的业务流程进行一次梳理。如公司客观情况发生变化，某些部门职能已不能使业务流程运转正常、高效的，应进行岗位整合。其程序为：人力资源部填写"岗位调整申请书"→总经理办公会合议→总经理审批→人力资源部修订相关岗位职务说明书。

续表

3.2 岗位序列设计

公司依据岗位的工作性质、分配方式，以及行业的惯例将岗位分为四个不同的类别：

3.2.1 管理序列

3.2.2 技术序列

3.2.3 营销序列

3.2.4 职能序列

3.3 职位的晋升

3.3.1 职位晋升的原则：应遵循逐层递级晋升与绩效，能力优先的原则

3.3.2 晋升的条件

① 在公司任职二年以上（不含），在下级岗位任职一年及以上。

② 连续10个月绩效考评的成绩为优秀或上年度考评获公司优秀员工称号。

③ 具备拟晋升岗位的任职资格。

3.3.3 晋升的程序

主管级以下人员的岗位晋升由部门经理决定；部门经理级以上人员晋升由总经理决定。

① 晋升的程序：各用人单位提出申请→填写"员工职位晋升申请书"→人力资源部审核职位空缺与该员任职资格与晋升条件→总经理办公会评审（晋升中级以上岗位的需员工近六个月以上的述职报告）→评审通过→公示试用（一般为三个月）→转正。

② 评审内容

a. 工作态度

b. 工作能力

c. 工作绩效

d. 发展潜力

e. 其他特质

3.4 职位的轮换

3.4.1 为扩大员工的工作范围，丰富员工的工作内容，公司对操作性岗位实行每一年，其他岗位每二年一次将员工调换到与原岗位工作相似或相近的岗位。原则是职等、薪酬不变。

3.4.2 因员工绩效连续三个月不达标，经培训后仍不达标者，可将员工调换到其他适合的岗位或降低其岗位。

3.5 岗位竞聘

3.5.1 考核小组组成：总经理、用人部门经理、人力资源部经理（一般五人为宜）。

续表

| | 3.5.2 面试对象：公司中层以上的管理序列岗位员工。
3.5.3 考核方式：
① 部分推荐或人力资源部推荐为主，个人自荐为辅。
② 以面试评价中心为主，笔试为辅。
3.5.4 录用：根据员工竞聘的评语，本着择优录用的原则与员工平时工作表现、工作绩效、个人特质，经考核小组 4/5 以上成员认可录用。
3.6 职务说明书的编制与管理
3.6.1 职务说明书编制的主体：人力资源部负责公司全部职务说明书的编写。各职能部门负责协助人力资源部完成。
3.6.2 职务说明书编制程序
① 需求申请：部门经理根据岗位需要，向人力资源部提出职务说明书编写申请。
② 需求审核：对部门提出的编写申请的必要性进行评估审核。
③ 调查分析：审核批准后，人力资源部应及时启动岗位分析调查程序，进行岗位信息收集和分析调研工作。
④ 拟订：根据调查、分析结果，人力资源部编写职务说明书草案。
⑤ 反馈与完善：人力资源部将职务说明书草案交于该岗位任职者和该岗位所在部门经理进行审议，并根据反馈的意见再行修改，直至完善定稿。
⑥ 运行、存档：将修改完善的职务说明书报总经理审批后开始运行使用，并将职务说明书存档。
3.6.3 职务说明书编制的内容
① 岗位的基本信息：包括岗位名称、所属部门、岗位编号、直接上级、直接下级等。
② 职务概述：对岗位存在的性质、目的的概括性描述。
③ 职责与工作任务：岗位任职者所在岗位的主要职责，以及为履行职责而需完成的工作任务。
④ 工作关系：岗位任职者为履行职责而与公司内哪些部门岗位，公司外哪些部门发生工作联系以及联系方式和频率。
⑤ 工作环境：岗位任职者工作的场所、环境、时间等。
⑥ 职业发展：岗位任职者纵向、横向发展通道。
⑦ 任职资格：岗位任职者为履行岗位职责，必须符合的最低要求。包括必备的学历、专业、工作经验、职称素质能力、身体素质、个人特质等。
3.6.4 职务说明书的修改完善
职务说明书一旦编写完成就应实行，随着社会经济和企业发展，经营环境的变化就会发生变化，因此就应及时定期检查（至少每半年检查一次，每年修订一次）修订，它应遵循以下程序： |

续表

① 提出申请。部门经理应向人力资源部提出修改建议。
② 协商。人力资源部就修改意见与该部门经理合作协商，确定修改内容。
③ 将修改好的职务说明书存档。

3.6.5 职务说明书的管理

公司的所有职务说明书由人力资源部加盖"文件管制章"后，一份交部门实行，一份人力资源存档，非经人力资源部批准不可复制（印）。即非红章不得流动。

3.7 岗位管理

3.7.1 岗位分级原则

① 公司岗位分为管理类、营销类、技能类、事务类四类。
② 职级划分为五级十等。分别总经理（等级一、二），总监级（等级二、三），经理级（等级四、五），主管级（等级六、七、八），员工级（等级九、十）。

3.7.2 试用期员工管理

① 新进公司的人员，试用期为1~3个月不等，部门根据员工的接受程度，以及适岗能力评定。
② 晋升新岗位的人员。管理类与技能类的员工新岗位试用期为3个月；营销类与事务类的员工试用期为1~3个月。
③ 试用期培训。新入职员工的培训时间（内容是培训教材）应不低于4小时；晋升新岗位员工的培训时间应不低于8小时。
④ 试用期考核。部分经过初步考察或员工个人认为自己已经适岗的可提出进行转正考核。
⑤ 转正。经部门与人力资源部共同考核合格，或试用期满考核合格，转入公司正式员工编制。

3.7.3 离职管理

员工因个人原因提出终止劳动关系应填写"员工离职申请表"经批准离职。操作程序是：

① 部门经理级以上人员辞职：个人提出辞职申请→总经理审批→到期人力资源部办理离职手续→转移档案。
② 其他员工辞职：个人提出辞职申请→部门经理审批→到期人力资源部办理离职手续→转移档案。
③ 涉密人员辞职：在提交离职申请单获批后，办理完涉密交接后20天，方可办理离职手续。
④ 辞退：员工重大违纪或有下列情形的予以辞退。
a. 试用期被证明不合格的。

续表

	b. 虽过试用期，但经培训与调岗位不能胜任工作的。 c. 严重违纪达到公司"员工奖惩细则"辞退标准的。 d. 工作失误给公司造成重大经济损失的。 e. 其他应辞退的。 3.8 合同管理 （1）被公司录用员工，自上班之日起一个月内应与其签订为期3年的书面劳动合同。 （2）在一个月内员工不愿签订劳动合同的应予即时辞退处理。 （3）合同期满，经部门考核通过，并与员工协商一致愿意的，应在合同到期前3天续签劳动合同。若任何一方无意续签劳动合同，可予以合同期满日办理离职手续。 3.9 附则 （1）本办法自公布之日起实施，并送企业工会备案。 （2）本办法的解释授权人力资源部在法律范围内进行解释。

表 6-3　岗位调整申请表

部　门		单　位	
调查类型 □新增　□撤销　□合并		新增岗位名称	
		撤销岗位名称	
		合并后岗位名称	
调查理由：			
新增岗位	工作职责		
	工作任务		
合并后岗位	工作职责		
	工作任务		
人力资源部审核意见：			

续表

总经办会议结果：	
总经理批准：	日期：
备注：工作职责与工作任务，合议结果篇幅不够可另附页	
部门申请人：	部门审核人：

02 岗位编码如何设置

岗位编码，也叫岗位编号、工作代码。目的是使企业的管理标准化，能够迅速、有效查找所有职位，以及职位的上下级关系。因此组织应给每一个岗位进行编码，以分辨该岗位在组织中的地位关系。

【管理分享】 某公司岗位与部门组织编码规则

一、目的：为使公司岗位与组织编码标准化。明确岗位与部门的地位关系。

二、适用范围：公司所有部门与岗位。

三、权责

3.1 人力资源部负责组织与岗位编码的编制。

3.2 各部分负责按标准落实及监督按规范填写。

四、管理内容

4.1 部门代码编制规则。

（1）部门代码以大写字母加阿拉伯数字组成，具体为

```
  字母A    +    字母B    +   字母+数字
    ↓             ↓             ↓
  一级部门      二级部门      三级部门
```

（2）部门类别明细

一级部门：总部（1）总经办（2）管理部（3）生产部（4）研发部（5）财务部（6）业务部（7）

二级部门：生管课（1）五金课（2）电子课（3）涂装课（4）塑胶课（5）仓储课（6）压铸课（7）组装课（8）品管课（9）人力资源部（10）总务课（11）研发课（12）工程课（13）

三级部门：

五金课：冲压组（1）模具组（2）螺管组（3）

电子课：电子组（1）电源组2）

涂漆课：喷粉组（1）色漆组（2）清洗组（3）

仓储课：材料组（1）成品组（2）搬运组（3）

压铸课：压铸组（1）抛光组（2）

组装课：组装线（1）组装线（2）组装线（3）……组装线（7）

人力资源课：招聘组（1）培训组（2）人资组（3）

总务课：维修组（1）清洁组（2）保安队（3）

研发课：绘图组（1）样品组（2）

工程课：模具组（1）IE组（2）

4.2 岗位代码编制规则

4.2.1 岗位代码以部门代码＋二位阿拉伯数字组成

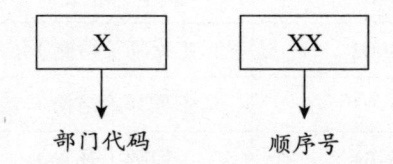

X → 部门代码

XX → 顺序号

4.2.2 岗位代码一览表

部　门	岗位编码	岗位名称	编制人数
公司总部	A1-01	董事长	1
	A1-02	总经理	1
	A1-03	财务总监	1
	A1-04	业务总监	1
	A1-05	行政总监	1
	A1-06	技术总监	1

续表

部　门	岗位编码	岗位名称	编制人数
总经办	A2–01	总经理助理	1
	A2–02	秘书	1
管理部	A3–01	经理（管理）	1
	A3–02	专员（企管）	1
	A3–03	工程师（ERP）	1
	A3–04	专员（法务）	1
	A3–05	文员	1
生产部	A4–01	经理（生产）	1
	A4–02	专员（生产计划）	1
	A4–03	专员（物控）	1
	A4–04	专员（生产调度）	1
	A4–05	专员（设备管理）	1
	A4–06	文员	1
研发部	A5–01	经理（研发）	1
	A5–02	工程师（检测）	1
	A5–03	工程师（结构）	1
	A5–04	工程师（开发）	1
	A5–05	工程师（电子）	1
	A5–06	助理（经理）	1
财务部	A6–01	经理（财务）	1
	A6–02	会计师	1
	A6–03	专员（成本管理）	1
	A6–04	专员（安全管理）	1
	A6–05	出纳员	1
	A6–06	助理（会计）	1

续表

部　门	岗位编码	岗位名称	编制人数
业务部	A7-01	经理（业务）	1
	A7-02	专员（欧美业务）	1
	A7-03	专员（亚太业务）	1
	A7-04	专员（中非业务）	1
	A7-05	业务员	3
	A7-06	助理（业务）	3
生管课	A4-B1-01	课长（生管）	1
	A4-B1-02	跟单员	3
	A4-B1-03	统计员	1
五金课	A4-B2-01	课长（五金）	1
	A4-B2-02	助理（课长）	1
	A4-B2-C1-01	组长（冲压）	1
	A4-B2-C1-02	冲压工	1
	A4-B2-C2-01	组长（模具）	1
	A4-B2-C2-02	修模员	3
	A4-B2-C2-03	线割员	1
	A4-B2-C2-04	装模员	3
	A4-B2-C3-01	组长（螺管）	1
	A4-B2-C3-02	铜焊工	5
	A4-B2-C3-03	氩焊工	10
	A4-B2-C3-04	普工	5
电子课	A4-B3-01	课长（电子）	1
	A4-B3-02	助理（课长）	1
	A4-B3-C1-01	组长（电子）	1
	A4-B3-C1-02	技术员（电子）	1
	A4-B3-C1-03	普工	
	A4-B3-C2-01	组长（电源）	11
	A4-B3-C2-02	技术员（电源）	1
	A4-B3-C2-03	普工	15

续表

部　门	岗位编码	岗位名称	编制人数
涂装课	A4-B4-01	课长	1
	A4-B4-02	助理（课长）	1
	A4-B4-C1-01	组长（喷漆）	1
	A4-B4-C1-02	技术员（喷漆）	1
	A4-B4-C1-03	普工	25
	A4-B4-C2-01	组长（色漆）	1
	A4-B4-C2-02	普工	30
	A4-B4-C3-01	组长（清洗）	1
	A4-B4-C3-02	清洗员	3
	A4-B4-C3-03	水处理员	1
塑胶课	A4-B5-01	课长（塑胶）	1
	A4-B5-02	助理（课长）	1
	A4-B5-03	技工（塑胶）	2
	A4-B5-04	修模员	2
	A4-B5-05	装模员	4
	A4-B5-06	组长	2
	A4-B5-07	普工	45
仓储课	A4-B6-01	课长（仓管）	1
	A4-B6-02	助理（课长）	1
	A4-B6-C1-01	组长（材料）	1
	A4-B6-C1-02	仓管员（材料）	6
	A4-B6-C2-01	组长（成品）	1
	A4-B6-C2-02	仓管员（成品）	2
	A4-B6-C3-01	组长（搬运）	1
	A4-B6-C3-02	搬运工	13
	A4-B6-C3-03	叉车司机	2

续表

部　门	岗位编码	岗位名称	编制人数
压铸课	A4-B7-01	课长（压铸）	1
	A4-B7-02	助理（课长）	1
	A4-B7-C1-01	组长（压铸）	1
	A4-B7-C1-02	操机员	7
	A4-B7-C2-01	组长（抛光）	1
	A4-B7-C2-02	抛光员	35
组装课	A4-B8-01	课长（组装）	1
	A4-B8-02	助理（组装）	1
	A4-B8-03	组长（组装）	7
	A4-B8-04	普工	210
品管课	A4-B9-01	课长（品管）	1
	A4-B9-02	助理（课长）	1
	A4-B9-03	QE	1
	A4-B9-04	IQC	7
	A4-B9-05	IPQC	21
	A4-B9-06	OQC	4
	A4-B9-07	FQC	28
人力资源课	B10-01	课长（人事）	1
	B10-C1-01	组长（招聘）	1
	B10-C1-02	文员（招聘）	2
	B10-C2-01	组长（培训）	1
	B10-C2-02	讲师	1
	B10-C3-01	组长（人事）	1
	B10-C3-02	文员（行政）	1
	B10-C3-03	文员（薪资与考勤）	1

续表

部门	岗位编码	岗位名称	编制人数
总务课	B11-01	课长（总务）	1
	B11-C1-01	组长（维修组）	1
	B11-C1-02	木工	1
	B11-C1-03	电工	4
	B11-C1-04	泥水工	2
	B11-C1-05	电焊工	1
	B11-C2-01	组长（后勤）	1
	B11-C2-02	清洁工	9
	B11-C2-03	园林工	2
	B11-C2-04	宿舍员	2
	B11-C3-01	队长（保安）	1
	B11-C3-02	保安员	19
研发课	A5-B12-01	课长（研发）	1
	A5-B12-02	助理（课长）	1
	A5-B12-C1-01	组长（绘图）	1
	A5-B12-C1-02	绘图员	4
	A5-B12-C1-03	BOM员	1
	A5-B12-C2-01	组长（样品）	1
	A5-B12-C2-02	制样员	6
工程课	A5-B13-01	课长（工程师）	1
	A5-B13-02	助理（课长）	1
	A5-B13-C1-01	组长（模具）	1
	A5-B13-C1-02	开模员	2
	A5-B13-C1-03	CNC技术员	3
	A5-B13-C1-04	数控师傅	2
	A5-B13-C1-05	学徒	4
	A5-B13-C2-01	IE工程师	1
	A5-B13-C2-02	IE技术员	1
	A5-B13-C2-03	统计员	1

> **小贴士** 岗位编码规则不是仅有本书介绍的一种模式，各位 HR 同行应根据自身企业岗位层级的多少、岗位数量的多少以简单明了的方式来编写，千万不可搞得太复杂。

03 岗位描述用词规范

在岗位职责与任职资格的描述中，会经常选用一些具体的动词来准确表述意思。通过具体的词汇可以指出工作的种类、复杂程度任职者需具备的具体技能与技巧，因此，动词的应用必须准确，传递明确的指向信息。以及应承担的具体责任范围等。具体常用动词（部分）见表6-3。

表6-3 岗位描述用词规范

职责描述常用动词		
类别	动词	动词解释
1.文件、计划方案、报告类	编制（编写）	编排，组织使……形成方案，计划等
	制定	创制、拟定
	起草	拟定初稿（打草稿）
	审核	审查、核定
	呈报	向上级部门或上司，以书面形式上报
	转呈	通过上司（级）阅后转其他上司及上级部门的报告
	提交	提出，呈送上级考虑
	实施	付诸行动
	备案	登记存档以备考查
	存档	把文件、资料、记录等整理归档，存查
2.信息、资料类	调查	为了解情况，而进行考察
	研究	主动寻求事物的根本原因，对事物进行探索的过程

续表

职责描述常用动词		
类别	动词	动词解释
	调研	调查并进行研究
7. 其他动词	采用、建立、健全、准备、处理、接受、安排、监控、经营、确认、获得、联系、设计、领导、测试、建造、修改、收集、翻译、操作、保证、预防、解决、介绍、计算、否决、拒绝、比较、删除、应用、生产、解释、接待、化解、衡量、掌握、推理、抉择、指派、劝导、布置、影响、分辨、调整、打印、输入、核销、汇总等	

表6-4 岗位能力分级表

岗位能力	级别	能力描述
分析能力	1	发现并解决问题
	2	能分析问题中各部门之间关系，并能排列各部门顺序
	3	能分析问题中各部门之间关系，对可能发生的问题进行预防，提出相应对策
	4	能分清问题的实质，比较各方案价值选取最优方案
判断能力	1	能根据基本常识和过去经验，分辨所面临的问题和情况，找出现在和过去情况之间基本的相似处
	2	能根据掌握知识，应用一定方法，对问题作出合理推理
	3	能通过归纳和诠释，把复杂问题简单化
	4	能够用广博知识，兹治信息对战略性问题作出科学的、合理选择
组织能力	1	能对简单的活动、任务作安排
	2	能以团队为主体对成员协调、任务分配，资源调配
	3	能有效调度内、外部资源，确定他人或组织完成任务、目标、计划等
	4	具个人人格魅力，影响他人与团队对使命认同
决策能力	1	能利用基本知识或借助外力，解决当前问题，难度较小
	2	能借鉴前人与自己经验，充分考虑解决问题的方法。决策以不差错为目标，不追求时效性
	3	能正、反方面多纬度考虑，寻找出适合的解决方法，有一定时效性
	4	能从宏观角度考虑问题、以最优的方法，迅速、果断作出决定

续表

岗位能力	级别	能力描述
创新能力	1	能在工作中尝试未曾运用的方法，或对其进行改善
	2	在本职岗位内不断尝试新方法、新技术，改善技能，提升效率
	3	能在本部门内提出新的工作思路、方法，并付诸行动中
	4	能在组织内，利用独特的创意来改善绩效
执行能力	1	能对直接上级下达的任务和工作予以配合与支持，并对不妥提出质疑与修正意见
	2	能在授权范围内高效完成任务，并能承担责任与过错
	3	能在明确分工下，及时沟通，督促各分目标按计划实现
	4	能在既定目标下，自行寻找途径和方法，高效达成目标
授权能力	1.	能在将部分职责范围内的任务交由他人去完成时间对授予相应的权限
	2	能将任务分配给各责任人只对过程进行监控与修正
	3	能对整体目标进行分解，并对过程监督以求不折不扣完成目标
	4	仅考虑战略问题，只负责监督下令去达成即可
激励能力	1	能对他人完成工作任务后给予肯定或赞同
	2	能以目标或利益驱动下属取得良好业绩
	3	能对下属进行肯定的同时，关注其工作以外的生活、兴趣、家庭等方面的奖励
	4	能以组织愿景、目标、个人魅力去感召他人去努力实现目标
影响能力	1	能对他人提供建议
	2	能尽量说明对方、适当坚持自己的意见
	3	能以自己的意图去干预、指挥，控制他人工作与思维方式，并引导他人按自己意图行事
	4	能以身作则，用个人的思想、行为，潜移默化影响他人
应变能力	1	只是按常规性的工作，偶尔需要改变
	2	能对部分工作因情况变化和他人的反应调整
	3	能在自己职责内随环境与情况变化进行小范围或短期调整
	4	能从客户需求和外部环境变化及时调整战略部署

续表

岗位能力	级别	能力描述
团队合作能力	1	能积极参与，配合团队工作
	2	能理性对待他人缺点，尊重他人
	3	能向他人学习，尊重他人的意见
	4	能给团队带来正能量，给予他人动力
情绪控制能力	1	能在自己生气、不满、挫折或压力时，不会采取不当的行为
	2	能较好地控制不满、挫折或压力
	3	能采取有效的方法，舒解挫折和压力
	4	能将压力化为动力，以积极健康心态面对挫折、压力
工作主动性	1	仅能完成本职工作
	2	能在完成本职工作以外，偶尔主动分担其他工作
	3	能经常主动完成职责以外的工作，并能超过工作标准
	4	表现为对工作的挚爱与敬业，以工作为乐
公文写作能力	1	能进行一般的写作，文字组织有序，条理清晰
	2	能以自己的专业性阐述观点，感染读者
	3	文章具专业性，主题鲜明、文笔流畅、结构合理
	4	思路开阔，清晰，观点新颖、有感染力

04 岗位职责描述编写要点

岗位职责是为了实现公司和部门的目标。根据部门的职能进行分解该岗位应承担的工作责任和工作任务。一个岗位包含有多项具体的岗位职责、一项岗位职责包括有多项工作任务，在进行岗位职责的描述时应注意以下的要点。

1. 岗位职责描述的逻辑性

要求每一个岗位都有多项的职责，在进行岗位职责时应按照顺序清晰的排列，条理上清楚，既不能使各岗位的职责重叠，也不能留有空白。

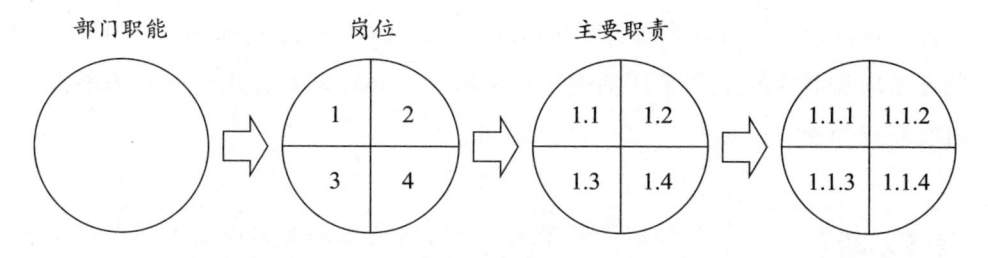

图 6-1 职责分解示意图

2. 岗位职责描述按照职责重要程度编写

每个岗位的多项职责的重要程度都不是一样的，有主要的职责和一般的职责之分。因此在进行岗位描述时，应根据岗位的核心工作内容，以及工作任务繁简程度，将主要职责排在前面，依次往下排列，使岗位职责层次，主次分明，岗位任职者使用时就能主次分明。

3. 岗位职责描述要按照履行职责的频率来编写

每项职责在履行时，其工作任务的发生有每天必须做的，如人事专员的职责之一的考勤管理，就必须每天处理。但也有的工作任务每周进行一次，或每月进行一次，或每年进行一次或几次的。因此频率高的工作职责一般写在前面，依次往下排列。

4. 岗位职责描述用词要规范标准

每一句话只完整表达一项基本职责，撰写的句式一般为：行为+行为对象+限制条件+达到的效果+考核标准，即通过哪些工作，怎么去做才能完成职责（如财务课长的职责之一的描述：履行财务课职责，按时、按质、按量完成财务经理下达的任务）并且用词准确表达含义，不模棱两可；语言通俗易懂，不用生词，自创或随意简化的词句。

5. 职责项目的数量和权重

每个岗位职责的数量有多有少，根据部门职责分解到每个岗位的数量一般在6~8项为宜。但也不能少于4项，个别岗位可酌情增加和减少，过多过少都不符合岗位的设计原则，容易造成岗位的忙闲不均；各项职责占所有工作的比重应按其实际工作来评估确定比例填写，每项职责占用时间一般不大于所有职责的 5%。

> **小贴士 Human Resources**
> 岗位职责的定义：是指该岗位需要完成的工作内容以及应承担的责任范围。它是组织为完成某项任务而确立的。

05 工作描述编写要点

工作说明书在企业管理中的作用就是帮助岗位任职者，了解其工作职责与权限工作地点、范围，工作关系、绩效标准。因此在编写工作描述中明确撰写重点就非常重要。

一、岗位标识编写要点

职位标示就如同一个产品的标签，让岗位任职者一看对该岗位有一个很直观的印象，就能够判断出该岗位是做那些大概的工作的，一般包括：职位名称、职位编号、直接上级、下级岗位与人员数、晋升通道、轮转岗位、职等职级等。

1. 岗位名称编写要点

第一，根据国家职位规范标准目录的岗位命名来规范公司的岗位名称，使企业岗位名称与国际国内的称谓接轨，可以避免职务说明书以后用于招聘时减少应聘者的误会。第二，用行业与企业的通行的称谓或约定俗成，尽量不要为了标新立异，别出心裁，随意杜撰。第三，严格按公司"岗位设置表"编写，一个企业相同的或相似的工作内容的岗位不可出现二个职位名称，如"总裁助理"与"助理总裁"，这样的随意现象。

2. 岗位编写填写要点

岗位编码必须严格根据企业"岗位编码一览表"规定编写填写，不可随意变动。

3. 所在部门填写要点

一般按该岗位所在的部门—处（室）—课（室）—组（班）的全称来填写（参照组织结构图中该岗位所处部门）不可简化名称。如"生产管理部"简化为"生产部"或"生管"。

4. 直接上级编写要点

这里指的是具有行政关系意义上的上级，而非职能关系意义上的上级。如课长的上级是经理或部长，而同时又有 IE 工程师来指导课长的工作，则工程师不可作为该岗位的上级，因其没有行政隶属关系，只是技术指导关系；注意行政副职的现象，如此岗位没有具体的分管安排，则其只为正职岗位的下级，而没有直属下级岗位，自然也不是任何岗位的直接上级。

5. 直属下级岗位名称填写要点

此与第 4 点存在对应关系。对于管理中幅度较大的部门可能不止一个下级，或许有多个下级的情况。

6. 晋升通道的编写要点

一个企业的员工发展通道应不只有一个通道，公司在制订员工发展计划既要考虑让员工从纵向的发展，也要考虑横向的发展，即从行政上升或从技术、业务上提升。如秘书岗位纵向的发展。秘书→助理→组长→课长→经理→总监；横向发展：初级秘书→中级秘书→高级秘书→资深秘书。因此对晋升通道的填写一般以双通道更为科学。

7. 轮换岗位的编写要点

岗位的轮换是使员工克服单调的工作，唤起员工工作热情的方法，一般采用的是列举方法将可以轮换的岗位排列出来，但要注意遵循先部门内轮岗，再部门外轮岗的顺序，岗位轮换不是随意调岗，要考虑三个方面的因素：一是属于岗位工作范围的扩大，二是岗位不要跨部门或跨区域，三是岗位的难易程度相当。

8. 职等、职级的编写要点

职等职级的填写一般是在对岗位的价值评价之后，通过岗位评价确定岗位的等级。

> **小贴士 Human Resources** 编写岗位标示的目的，是便于我们对岗位的管理。它是职务说明书的具体项目之一。企业可以根据自己的实际情况来决定所包含的信息。

二、岗位概要的编写要点

就是用一句或几名话比较简单而精确说明岗位为什么需要存在，让一个对这一岗位毫无了解的人一看岗位概要就知道该职位承担哪些职责。一般用动词来准确地描述，如"以何为目的……，有何限制……，有何做法"。此陈述只包含手段与结果，不包括达成结果的过程描述。具体动词应用见"岗位描述动词规范"。

例如，某企业行政部经理的职位概要为：负责公司日常行政事务的管理及后勤保障工作；参与公司规章制度的制定，监督制度的执行。

> **小贴士 Human Resources** 岗位概要顾名思义就是对岗位的工作内容与职责进行提炼，用一句或几句最精练的语言表述出来。因此，内容与职责的综合性、语言的简洁性、意思的明确性是其主要的衡量要求。

三、工作关系的编写要点

工作关系是指用于说明任职者履行职务时与企业的内部或外部的人员因工作关系而发生的联系。一般用工作关系图来描绘一个岗位上下左右的各种工作关系和工作对象。

1. 输入

（1）指导：对该岗位进行工作指导的岗位，包括直接上级、间接上级以及上级指定的指导人员。对于没有间接上级的可以空缺这一项。

（2）客户需求：是指相对于该岗位而言，客户对其提出的工作上的要求，这种需要一般会与岗位职责相对应。

（3）外部信息：是指公司外部会影响到该岗位工作的信息来源有哪些，包括客户、供应商、政府机关、社会组织、竞争对手等。

2. 输出

（1）工作产出：是指该岗位工作产出的结果，一般与客户要求相对应。

（2）影响对象：是指该岗位工作产出的结果影响到的各种对象，包括公司内部客户和公司外部客户的各种对象。

（3）协同指该岗位在履行本岗位职责的过程中，需要一起协同工作的岗位或部门。一般将需协同的对象列举。

（4）在对工作关系描述时只需列举发生关系的对象即可，不要求对描述的对象细化。

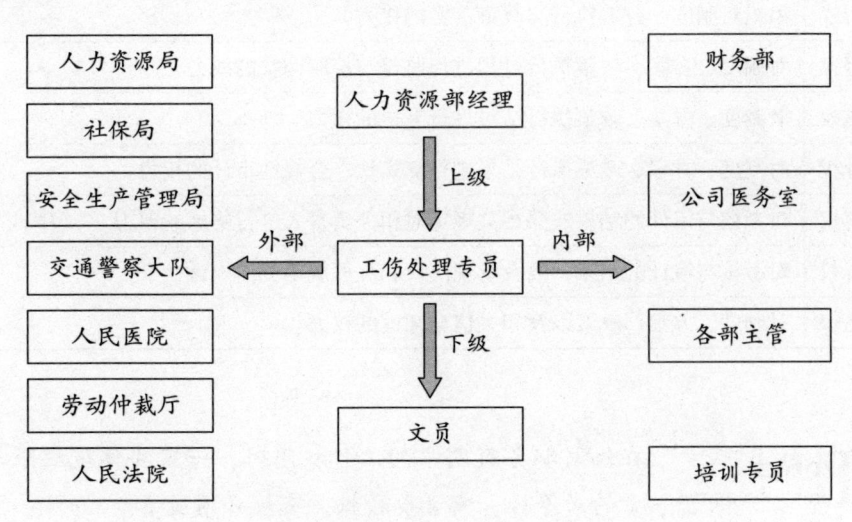

图 6-2 工伤处理专员工作关系图

四、工作权限的描述要点

它是说明岗位任职者完成工作任务，承担责任，所必需的岗位权限范围。一般从三个方面来描述：一是人事方面的权力，二是财务方面的权力，三是技术方面的权力。在描述权力时一般用三种权力方式：一是建议权，二是审查权，三是批准权。在对权限描述时应注意：

（1）批准权的唯一性。建议权可以由多个岗位享有，审查权也可以由一个或几个岗位享有，但批准权则是只能由唯一的岗位作出。

（2）岗位的权力一定是保证该岗位职责履行所必备的。

（3）要将岗位行政职责与权限区别开来，行政职责不是所规定的权限，如对岗位的定级是属于管理职责而非权限。

表6-5 主要职权定义

职权	定义
建议权	对制度、方案、政策提出合理化建议和意见的权力
提案权	对制度、方案提出的权力
审查权	对制度、方案、政策的合理性、科学性、可行性进行审议、修订与否定的权力
批准权	批准制度、方案政策等实施的权力
执行权	组织对制度、方案执行与政策落实的权力
监督权	对制度、方案、政策执行过程进行监督与控制调整的权力
考核权	对制度、方案、政策执行结果进行考核的权力
审计权	对制度、方案、政策执行结果进行真实性、合规性审计的权力
奖惩权	对考核与审计的结果按照相关规定对相关负责人进行奖惩的权力
申诉权	对考核与审计的结果，以及管理决议和奖惩规定提出申诉
知情权	对制度、方案、政策以及相关信息知道的权力

> **小贴士** 在编写职务说明书的工作权限时，一定要体现权限与职责的对等性，有责要授权，有权必须履责。

五、绩效标准的编写要点

岗位绩效标准是企业期望该岗位任职者完成工作任务时须达到的标准，在编写绩效标准时应注意以下要点：

（1）应明确考核的岗位是该岗位的上一级岗位，而不是某个人。

（2）考核的内容一般包括三个方面：一是工作的能力，二是工作的行为（过程），三是工作的结果（业绩，包括正业绩、负业绩）。

（3）考核的方式与时间：即在什么时间（多长）用什么样的方式来进行考核。

小贴士 Human Resources 绩效标准的制定一定要保证大多数任职者"跳一下够得着"，既不能太低，让员工失去积极性，也不能太高让任职者望而生畏，打击其积极性。为此，制定合理的绩效标准是能否绩效考核能否真正落地的关键因素。

六、工作条件与时间编写要点

工作的条件包括工作地、工作场所的物理条件、职业危害因素、工作时间特征等，对工作条件的描述要注意的是：

（1）工作地的描述是一个大的工作区域，如深圳市龙华新区即可。不能范围太大（如广东省或派出机构如美国等），也不能太细（如某街道某路某号）。

（2）工作场所的环境应将影响的因素列明，并注明在某因素下的持续时间、频度。如装卸工职位，需说明室外作业，其室外作业时间占总作业时间50%，且室外作业年均4个月处于高温作业（33℃以上）。

（3）工作时间特征的描述：描述的是正常状况下开始工作时间至结束的时间，如上班时间为 8:00~12:00，13:30~17:30。有例外情况只需注明即可，如偶尔需加班或出差。

> **小贴士 Human Resources**
>
> 随着社会的发展，对影响员工健康的作业环境的改善是每个企业应负的社会责任。因此在职务说明书中应明确告知员工岗位的职业危害因素，以及危害的程度，预防与保护措施。最好有危害的程度的量化标准，以及预防与保护的要求，这样既满足对法律对企业的要求，也能避免劳资纠纷发生。

06 岗位任职资格编写要点

岗位任职资格也称岗位规范，是指岗位任职者担任该职务时应具备的教育水平、工作经验、身体素质及其他特性要求。它为企业招聘、选拔录用适岗人员，提供决策依据，也为培训与开发提供依据。因此编写时要明确以下几点要求：

一、基本要求的编写

岗位的基本要求的内容包括：年龄、性别、学历、专业、工作经验等方面，一般无特定要求的可缺少该项（如对性别无要求可不描述），对于基本要求的编写应注意如下几点。

1. 学历与专业的编写要求

（1）该岗位描述的学历是最低学历要求，也就是说低于此要求后将无法胜任该岗位的工作。所以此描述时不是现在岗位任职者的学历。此点很多企业都是依岗位调查来的现任职者的学历为标准，这是不正确的。

（2）该岗位的专业要求不仅体现满足岗位需求的最低要求，还应规范为与岗位的知识相一致或者相关联的专业要求。当然有些高级管理岗位还需要跨专业跨领域的专业要求的，可采用列举法排列（如某企业行政总裁职位专业要求除工商管理硕士专业外还要求有法律硕士双硕士专业）。

（3）行业资格证书描述：一般应采用国家或行业颁发的资格证书，其名称也应与国家或世界公认的职业标准名称为准。

> **小贴士** 对于专业与学要求的认识误区：一是认为学历高，胜任力就强，其实未必。二是岗位有某项工作需要，就按高标准去对学历进行要求，完全不理会与岗位的整体实际相匹配。一个外资企业的清洁工有没有必要本科毕业，英语四级的水平？答案是不需要的。但笔者就见过某外企的清洁工入职条件中有需英语四级水平的要求，他们的理由是清洁工要负责打扫外国雇员的办公室与宿舍，没有外语不能沟通和交流。

2. 工作经验的编写要求

（1）工作经验的编写这里指的是从事与该岗位相近的工作经历，而非该人员的整个工作经历。

（2）工作经验的要求一定要以该岗位任职者在规定的试用期内能胜任该岗位工作为标准，既不能规定的太长，也不能太短。

3. 知识技能的编写要求

（1）一定是为完成该岗位工作任务所必须具备的知识或技能，如财会人员的财务知识与财务软件应用。

（2）知识技能的范围要求：即要列出需要什么样的知识和能力。

（3）知识、技能的水平要求：即要描述清楚所需的知识技能应达到什么样的等级、水平，如业务员必须具备四级以上的英文能力、人事专员的文字输入速度（打字能力）要求每分钟输入60字以上等。

（4）其他知识要求：该岗位跨部门的运作知识，如技术岗位领导除技术知识外，还包括所要求的专业知识或相近的专业知识；也包括对该知识要求的最低的要求（即经过粗略了解的知识）。

4. 所需能力的编写要求

岗位所需的能力很多，包括分析能力、沟通能力、决策能力、统筹能力、执行能力等，在编写能力时不是将这些能力一一列举，越全越好。因此编写能力要求应注意：

（1）正确履行该岗位职责必须具备的能力就列举，否则就不必列举。

（2）一般列举的是对该岗位而言是最重要的能力。如对于管理队员计划统筹能力非常重要，应是其必备能力；但对于前台文员来讲，语言表达与沟通能力又成为最为重要的能力之一。

（3）如果对该岗位而言只是一般意义的普通的能力，则应不做要求。对能力的要求描述不宜太多，一般不超过三项为宜。

（4）需要说明的是能力与技能是有区别的，不能混为一谈，应细分别。技能具有通过学习，可熟练掌握的特点，如打字；而能力是指要预期的能在不同场合与环境下综合运用的潜质，如创新能力。

表 6-6　岗位能力定义表

项　目	定　义
创新能力	提出新思想、新技术、新措施和新方法的能力
逻辑能力	对事物进行观察、分析、比较、综合、抽象、概括、判断、推理的能力
统筹能力	指洞察事物、工作谋划、整合协调等多方面的能力
沟通能力	倾听对方讲话，领会对方意图，全面、准确地表达自己意见能力
学习能力	是指以快捷、简便、有效方式准确获取知识、信息，不断提高自身的能力
人际交往能力	妥善处理组织内外关系的能力，包括与周围环境建立广泛联系如对外界信息的吸收，转化正确处理上下左右关系的能力
应变能力	察觉细微变化产生应对策略，灵活处事，审时度势的能力
决策能力	准确的预测和判断并提出可行解决方案的能力
组织能力	为实现目标，灵活运用各种方法，把各种力量合理地组织和有效地协调起来的能力，包括协调关系和善于用人的能力
领导能力	有效授权，指导并激励他人，使之积极地完成工作任务的能力
计划能力	有效分解目标，制定可行的实施过程，合理预算的能力
团队协作能力	与别人相互支持，发挥各自优势，促进团队完成任务的能力
控制能力	及时发现并解决问题准确评估工作结果，改善工作程序和标准，减少错误发生的能力

续表

项　目	定　义
执行能力	近计划、步骤、及时保质、按量完成工作任务的能力
谈判能力	运用知识、技巧、施加影响，掌控谈判过程和结果的能力
文字表达能力	运用语言文字阐明自己观点，意见或抒写思想感情的能力
演讲能力	在公众场合面对公众发表，阐述自己思想，观点，并使听众接受的能力
耐压力	是指个体时逆境引起的心理压力和负面情绪的承受和调节的能力

07 职务说明书的模板

职务说明书的样板不是一成不变的、千面一孔的，各企业根据自身的情况可以设计出适合自己的不同的样板，以下就比较常见的企业的职务说明书介绍如下。

表6-7　某集团职务说明书样板（一）

岗位名称		岗位编写	
所在部门		职等职级	
直接上级		薪　别	
直接下级		所辖人员数	
晋升通道		轮岗岗位	
工作概述：			
职责一	职责内容： 该项工作占所有工作比重：_____ %		

续表

	工作联系	内部关联单位	1._____	2._____	3._____
		发生频率	经常□，有时□，偶尔□	经常□，有时□，偶尔□	经常□，有时□，偶尔□
		外部关联单位	1._____	2._____	3._____
		发生频率	经常□，有时□，偶尔□	经常□，有时□，偶尔□	经常□，有时□，偶尔□
职责二	职责内容： 该项工作占所有工作比重：_____%					
	工作联系	内部关联单位	1._____	2._____	3._____
		发生频率	经常□，有时□，偶尔□	经常□，有时□，偶尔□	经常□，有时□，偶尔□
		外部关联单位	1._____	2._____	3._____
		发生频率	经常□，有时□，偶尔□	经常□，有时□，偶尔□	经常□，有时□，偶尔□
职责三	职责内容： 该项工作占所有工作比重：_____%					
	工作联系	内部关联单位	1._____	2._____	3._____
		发生频率	经常□，有时□，偶尔□	经常□，有时□，偶尔□	经常□，有时□，偶尔□
		外部关联单位	1._____	2._____	3._____
		发生频率	经常□，有时□，偶尔□	经常□，有时□，偶尔□	经常□，有时□，偶尔□

续表

职责四	职责内容： 该项工作占所有工作比重：_____%			
^	工作联系	内部关联单位	1._____	2._____	3._____
^	^	发生频率	经常□，有时□，偶尔□	经常□，有时□，偶尔□	经常□，有时□，偶尔□
^	^	外部关联单位	1._____	2._____	3._____
^	^	发生频率	经常□，有时□，偶尔□	经常□，有时□，偶尔□	经常□，有时□，偶尔□
职责五	职责内容： 该项工作占所有工作比重：_____%			
^	工作联系	内部关联单位	1._____	2._____	3._____
^	^	发生频率	经常□，有时□，偶尔□	经常□，有时□，偶尔□	经常□，有时□，偶尔□
^	^	外部关联单位	1._____	2._____	3._____
^	^	发生频率	经常□，有时□，偶尔□	经常□，有时□，偶尔□	经常□，有时□，偶尔□
职责六	职责内容： 该项工作占所有工作比重：_____%			
^	工作联系	内部关联单位	1._____	2._____	3._____
^	^	发生频率	经常□，有时□，偶尔□	经常□，有时□，偶尔□	经常□，有时□，偶尔□
^	^	外部关联单位	1._____	2._____	3._____
^	^	发生频率	经常□，有时□，偶尔□	经常□，有时□，偶尔□	经常□，有时□，偶尔□

续表

<table>
<tr><td rowspan="6">职责七</td><td rowspan="3">工作联系</td><td colspan="4">职责内容：</td></tr>
<tr><td colspan="4">该项工作占所有工作比重：_____%</td></tr>
<tr><td>内部关联单位</td><td>1._____</td><td>2._____</td><td>3._____</td></tr>
<tr><td></td><td>发生频率</td><td>经常□，有时□，偶尔□</td><td>经常□，有时□，偶尔□</td><td>经常□，有时□，偶尔□</td></tr>
<tr><td></td><td>外部关联单位</td><td>1._____</td><td>2._____</td><td>3._____</td></tr>
<tr><td></td><td>发生频率</td><td>经常□，有时□，偶尔□</td><td>经常□，有时□，偶尔□</td><td>经常□，有时□，偶尔□</td></tr>
</table>

工作权限	
1. 职责权限	□独立负责　□共同负责　□协助支持
2. 业务权限	□完全按指示执行　□建议　□参与决策　□全权决策
3. 财务权限	□无　□建议　□分配调动　□初审　□审批
4. 考核奖惩权限（下属）	□建议　□参与决策　□全权决策权
5. 人事任免权限（本部门）	□建议　□参与决策　□决策　□审批
6. 工作安排权限（下属）	□建议　□参与决策　□决策　□审批

任职资格	
1. 性别	□男　　□女
2. 年龄	____岁至____岁
3. 所需学历	□初中　□高中　□大专　□本科　□硕士研究生
4. 所需专业	_____，其他说明：_____
5. 所需经验	
6. 所需技能职称	
7. 所需语言要求	1._____　等级：_____　2._____　等级：_____
8. 所需能力	1._____　2._____　3._____
9. 个性特质	
10. 工作地	工作时间：

续表

11. 工作特征	工作环境：
	工作均衡性：
12. 体能要求	
13. 使用设备与工具	
14. 所需记录文档	

表6-8 某外资公司职务说明书样板（二）

基本信息			
岗位名称		岗位编号	
所属部门		直接上级	
直接下属		间接下属	
职务说明书编写		批准日期	
岗位概要：			

职责内容					
职责与目标	责任程度			考核内容	各项工作上总工作时间
	全责	部分	支持	考核指标	
1.					
2.					
3.					
4.					
5.					
6.					
7.					
其他					

续表

沟通关系	内部 → ☐ ☐ 　　　　☐ ☐ 外部 → ☐ ☐ 　　　　☐ ☐		
任职资格：			
学历：			
专业：			
必备知识	专业知识		
	外语要求		
	计算机要求		
	运用软件		
工作经验			
业务分解范围			
必要的能力和工作态度	能力项目　　　　　　能力标准 		
职位关系	可晋升职位	1._____　2._____　3._____	
	可转换职位	1._____　2._____　3._____	
工作条件	工作环境		
	工作时间		
	使用设备工具		
其他事项			

表 6–9　某民营企业职务说明书样本（三）

岗位名称			岗位编号	
所属部门			岗位定员	
直接上级			职系	
直接下级			职等	
所辖人员			批准日期	

职责概述：

职责与工作任务：

职责一	职责描述			工作时间占比：＿＿％
	工作任务	1.		
		2.		
		3.		
职责二	职责描述			工作时间占比：＿＿％
	工作任务	1.		
		2.		
		3.		
职责三	职责描述			工作时间占比：＿＿％
	工作任务	1.		
		2.		
		3.		
职责四	职责描述			工作时间占比：＿＿％
	工作任务	1.		
		2.		
		3.		

续表

职责五	职责描述		工作时间占比：___%
	工作任务	1.	
		2.	
		3.	
职责六	职责描述		工作时间占比：___%
	工作任务	1.	
		2.	
		3.	
职责七	职责描述		工作时间占比：___%
	工作任务	1.	
		2.	
		3.	
职权（业务类、费用类、行政类）			
1.			
2.			
3.			
4.			
5.			
工作关系			
内部协调单位			
外部协调单位			
直接汇报对象			
直接督导对象			
职位发展通道	晋升的职位		
	轮岗职位		
	职位关系图		

续表

任职资格						
一般条件	最佳学历			最低学历		
	专业要求					
	资格证书					
	性别要求		年龄要求		身体要求	
必要的知识	必要知识					
	必要的培训					
	语言要求					
	计算机要求					
	软件运用要求					
	其他要求					
必要的经验	行业		年限		职位	
必要的能力素质	1.					
	2.					
	3.					
态度						
个性特质						
工作条件	出差环境					
	危险性					
	使用设备与工具					
	出差情况	区域 □外省 □本省 □本市				
		频率 □频繁 □偶尔 □从不				
所需记录文档						
其他事项						
备注						

表 6-10　某控股公司职务说明书样本（四）

岗位基本信息		岗位编号	
所属部门		岗位编制	
岗位序列		岗位层级	
直接上级岗位名称		直接上级岗位名称	

工作目的：

主要工作职责：

序号	概述	工作内容描述
1		
2		
3		
4		
5		

主要工作权限：

业务类	1.
	2.
	3.
	4.
财务类	1.
	2.
	3.
人事类	1.
	2.
	3.

续表

主要工作关系					
职位关系图	直接上级岗位 —— 本岗位 —— 相关联系岗位 —— 直接下级岗位				
内容工作关系	沟通方式	部门与岗位	形式与内容	沟通结果	频率
	汇报				
	督导				
	协调				
外部工作关系					

工作特征与工作条件	
工作地点	
工作时间	
工作环境	
工作设备	
工作工具	
任职资格	
最低学历要求	
专业要求	
资格证书	
专业知识	
专业技能	
上岗培训要求	
工作经验	行业：_____ 年限：_____ 职位：_____

续表

绩优素质要求	能力项目	能力描述
人格特征要求		
其他要求		
职业发展	可晋升岗位	
	可轮岗岗位	
	可轮换工作地	
任职者（签名） 年　月　日		部门负责人（签名） 年　月　日

表 6–11　某总公司职务说明书样板（五）

岗位名称		岗位编号		所属部门	
直接下属		间接下属		直接上级	
岗位概要					
任职条件	必备知识	知识要求			
		其他技能	具备常用办公软件、网络信息化所要求的基本技能，包括 OA 系统、ERP 系统等的使用		
	工作经验				
	业务范围				
	能力素质				
岗位目的					
沟通关系	对内沟通				
	对外沟通				

续表

权限范围	权限项目	权限范围说明		
	审核权				
	督办权				
	建议权				

职责范围	负责程度（"●"）			考核标准
	支持	部分	全责	
1.		●		
2.			●	
3.			●	
4.			●	
5.			●	
6.			●	
7.			●	
8.			●	
9.			●	

> **小贴士 Human Resources** 本书列举了比较常见的几种职务说明书的样板，基本涵盖了职务说明书中应有的项目与要求。HR 可根据自己企业的实际进行增加或删减。

第7章
岗位评价的概述与评价方法

薪酬公平体现在哪几个方面

岗位排序法适用于哪些企业

如何对评价因素进行定义、分级及赋值

评价因素的权重如何分配

为什么说评分法是最客观,准确性最高的评价方法

如何运用"头脑风暴法"选择岗位评价方法

公司给员工加薪后,员工仍然罢工的根源在哪里

"价值分配"在人力资源管理价值链中的地位关系是什么

在完成岗位分析，并规范了职务说明书后，下一步的工作要做的就是进行岗位评价，评估岗位之间的相对价值，为绩效指标的制定，薪酬体系的建设奠定基础。

01 岗位评价的概述

一、为什么要做岗位评价

【实例解析】　　一桩因调薪导致的罢工事件

A 集团是一家集贸易、生产于一体的商贸集团，它的前身为 B 科技有限公司，1993 年进入大陆市场主要从事五金、塑胶制品的设计、制造、出口。产品遍及欧美与亚洲市场。目前集团拥有一个研发中心、一家贸易公司、两家制造企业。年进出口额达 60 亿元人民币的综合性集团公司。

公司有比较完善的薪资制度，按制度规定每年度进行一次调薪，调薪的幅度为四个等级：员工级（7~9 职等）为 4%，主管级（6~4 职等）为 8%，经理级（3~2 职等）9%，高级管理级为 10%，经过各部门评审后报人力资源部审核。因本着向业务与开发部门倾斜的原则，业务部与开发部二个部门的调薪幅度取其等级中最高的层次，其他部门按 4∶3∶3 的原则选取层次。以前几年因员工基本工资的基数本身比较低，公司的调薪幅度不是很大，因此调薪员工与未调薪员工，以及调薪员工之间的调薪差距不是很明显。虽然每次调薪都有不同的意见反映，投诉不公的现象，但都仅限于某些部门、某些岗位的员工，公司也没有引起太大的重视。

去年因公司的整体效益较好，经董事会研究决定将公司效益给予员工多一些分享，因此决定在制度规定基础上：一是将调薪幅度统一再上调4%；二是为了表彰老员工对公司的贡献给予在公司服务三年以上的员工每人增加100元。

结果问题就出来了，在公司决定发出的当天，不少员工就发出了疑问。首先是基层员工"同在一个岗位工作，为什么我只能调2%，而有些人调4%？我们一起工作，一个岗位，四个工位，任何一个人工作慢就会影响其他三个人工作效率，任何一个人出错都会影响产品质量，做错了大家担，做少了大家负责，调工资怎还分个三六九等？"

然后是工程部的员工："对公司的生产效率提升，我们部门贡献最大。以前生产一个零件需要7个工序，7台机器，8个人，每小时只生产不到1500个。通过我们工程部努力，现在只用一台机3个人可以生产2500个，我们的贡献应是最大的？凭什么我们的调薪跟其他部门一样？凭什么业务与开发就比我们的高？这样太不合理了！"

甚至部门主管，经理级等管理人员也有很大意见。有人认为："每个部门的工作量，任务难度，工作技术含量都是不同的，不应该所有的部门一刀切，而应该有所差别。"

还有主管认为："如果工作出了问题，我们承担的责任比员工大得多，公司为什么统一只调4%，我们的调薪幅度应该跟员工的差别拉开得再大一些吧。"

仅经过一天的持续发酵，公司还没反应过来，第二天早上先是基层员工停工集体到总部讨要说法，继而延伸到整个公司停工。

一桩加薪的好事，不但没有达到好的愿望，起到激励员工的作用，反而给公司形象造成打击，也给各部门、员工之间的关系造成了撕裂，遗患无穷。

其实，员工在企业中随时都会拿自己的收入跟别的员工比，如果很多的员工觉得不公平，那么公司的薪酬的内部公平性可能就出了问题。主要原因在哪里呢？我觉得还是公司制度或者说确定薪酬的基准出了问题。我们知道，在确定员工劳动报酬的诸因素中，岗位责任、技能、绩效是最重要的三大因素，员工的劳动报酬是否能够体现员工士气及生产工作积极性、主动性的一个重要原因。当员工按质按时按量完成本岗位工作任务后,获得相应对等的劳动报酬,他们可能会得到一定程度的满足,如何体现公平公正原则,就应当实现"以事定岗、以岗定人、以职定责,以职责权限,岗位技能定基薪,以绩效定浮动薪"。

如何定基薪、浮动薪就需要确定岗位价值,岗位价值确定了,员工报酬就有了明确的基础。员工之间再比较薪酬水平高低时,我们就有了充分的说服力,因此,要做到薪酬的公平性,就需要进行薪酬制度的改革,而在改革之前则应做好岗位的价值评估——岗位评价。

> **H 小贴士 Human Resources**
>
> 相信很多公司都遇到过同样的情况,本来给员工加薪这样的好事,换来的是员工的不理解。这就是我们通常讲的"不患寡,而患不均"!如何做到公平?除我们要做岗位评价外,有二点要注意:一是分配规则要提前制定,而不是临时开个会,拍拍脑袋就行的。二是分配方案一定要广泛征求意见,而不是本文中的上层开个会就完事了。

二、岗位评价的概述与特点

1. 岗位评价的概述

岗位评价,有的也叫职务评价或者工作评价,是指在岗位分析的基础上,以具体的岗位为客体,采用一定的方法对企业所设岗位需承担的责任权限大小、工作强度、难易程度,所需任职资格条件等进行评价,以确定岗位相对价值的过程。岗位评价的过程,实质上是通过对员工劳动状况多因素测定,将各种因素的作用和重要程度予以综合,得到不同岗位劳动量和价值量的差别,具有可比性的数值的过程。

岗位评价是在岗位分析的基础上进行的,确定岗位相对价值及岗位等级,为薪酬设计提供依据。介于岗位分析和薪酬制度设计之间的一个必备环节,它以岗位分析的结果作为岗位评价的事实和依据,同时又为科学、合理的薪酬设计提供依据。

2. 岗位评价的特点

岗位评价具有以下几个特点。

（1）岗位评价是以岗位为评价对象。岗位评价的中心是"事"，而不是现任职人员。以"人"为对象的评估，属于人事考核和员工素质测评的范畴，因此不可混淆。岗位评价虽然也会涉及员工，但它是以岗位为对象，即以岗位所承担的工作任务为对象进行客观评比和估价。由于岗位具有一定的稳定性，它使企业的专业分工，劳动组织和劳动定额相统一，它能促进企业合理制定劳动定员和劳动定额，从而改善企业管理。

（2）岗位评价是对企业具体劳动的抽象化、定量化的过程。在岗位评价过程中，根据事先规定的，比较系统的，能够全面反映岗位现象本质的岗位评价指标体系，对岗位的主要因素逐一进行测定评比估价，由此得出各岗位的量值。这样，各个岗位之间也就有了对比的基础，最后按评定结果划分出岗位的不同等级。

（3）岗位评价需要运用多种技术和方法。要评价出企业每一个岗位与价值并不是一件容易的事情。它主要应用劳动组织、劳动心理、环境监测、数据统计等知识和计算机技术，选用适合企业的评价方法，对多个评价因素进行准确的评定和测定，最终作出科学评价。

三、岗位评价的作用和意义

岗位评价，对于一个企业组织来说是很重要的。透明的岗位评价标准，能使员工理解企业的价值标准是什么，明白各岗位的信息，消除员工对不同岗位的价值产生的不理解和歧义，为员工的职业规划、人力资源招聘条件、培训技术标准、绩效管理、企业薪酬设计公平等提供了依据。

1. 可以明确区分出岗位的等级

在没有进行岗位评估的企业中，企业的等级是职务等级来代替岗位等级的，但是简单的职务等级不能精确区分出同一职务等级的差别，如同是经理，可能业务经理的贡献度要大一些；又如某一个技工对公司的生产制造贡献非常大，具有独特的技术能力，从贡献的角度讲，他的贡献不亚于一个部门经理，按理说他所享受的福利待遇或拥有的某些权力跟部门经理比较不相上下。通常在职务等级代替岗位等级的企业里，往往该技工可能比部门经理低若干个等级，自然各种待遇就相差甚远。而岗位评价却可以很好解决这个问题，并使企业建立以能力论英雄的文化，而不是等级制森严的官僚文化。

2. 可以确定岗位的相对价值

人力资源管理的核心是价值链的管理。在这条价值链上包括三个主要的环节。第一个环节是"价值创造"，它强调的是企业的价值是由哪些人创造的，以及如何为客户创造价值的。第二个环节是"价值评价"，即建立科学的价值评价与考核体系，以量化形式，评价这些价值创造活动的大小。第三个环节是"价值分配"，即依据对企业价值贡献大小来分配价值。这是最本质、朴素的人力资源管理的核心——即创造的价值越大，分配的价值就越多。

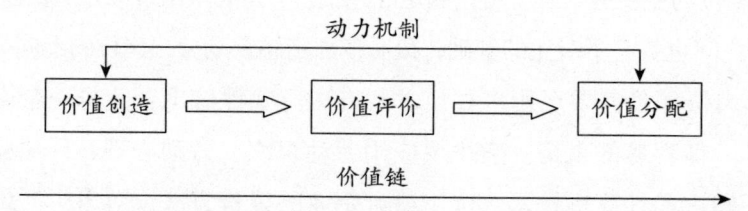

```
                    动力机制
        ┌──────────────┬──────────────┐
        ↓              ↓              ↓
    ┌──────┐  ⇒   ┌──────┐  ⇒   ┌──────┐
    │价值创造│      │价值评价│      │价值分配│
    └──────┘      └──────┘      └──────┘
                    价值链
        ────────────────────────────→
```

第二个环节"价值评价"又是连接第一个环节和第三个环节的桥梁，是非常重要的环节。我们目前采用三种主要的方式来进行评价。以岗位正常产出情况下对企业贡献的价值，不考虑岗位任职者的影响，我们通过岗位评估来解决；而对于同一岗位不同的任职者，因能力和绩效不同所创造的价值不同，我们则通过任职资格管理体系和绩效管理体系来进行评价。所以只有通过岗位评价使企业员工对不同岗位在公司中相对价值有了清晰的认识，才是价值分配的基础。

3. 薪酬公平的前提

大家知道，薪酬公平主要有内部公平和外部公平二种。内部公平就是公司内岗位价值和员工能力相近的薪酬应该处于同一级别或层次，不能差距过大。如果过大就会产生明显的不公平，就不利于激励员工。所以解决薪酬公平的前提就是要清楚知道哪些岗位处于相同级别，只有同级别才谈得上比较，要不然薪酬比较就没有实际意义。

4. 发现任职者与岗位要求的差距

岗位评价时，重点是"岗位"，而不是岗位上的人怎么样或做得如何。当岗位等级不确定后可对公司各岗位任职者和岗位等级要求进行整体扫描，对各个岗位任职者的现状进行盘点，并针对不同的情况进行纠偏、改善或改正。

任职者与岗位要求一般有三种情形：

（1）任职者能力与岗位要求基本相符，此为正常情况，不需处理。

（2）任职者能力超过岗位要求。一种处理方式给任职者晋升到适当的更高级别岗位；另一种处理方式是将该岗位工作内容丰富或职责扩大，重新评估其价值。

（3）任职者达不到岗位要求。一种是差距太大，那就要进行调岗处理；另一种是差距不是太大，那就要培训或教授使能力达到岗位要求，或者引入绩效系统，促使引导任职者达到岗位要求。

5. 能宏观了解岗位间相互关系

岗位等级包括两个方面信息：一是等级，二是部门。一个部门有多少岗位，各岗位等级是什么，某岗位上级岗位有哪些，同级岗位有哪些，下级岗位有哪些，就像一张岗位地图，一目了然。

> **小贴士 Human Resources** 这里讲的岗位的价值，是基于内部各岗位之间而言的，解决的是岗位薪酬内部公平性。制定科学合理的薪酬体系还需要考虑外部的公平性与内部岗位任职者之间因能力不同产生的差距。

02 岗位评价的方法与选择

选择适合的评价方法一定要结合本公司情况：公司的规模大小不同、公司经营范围不同、公司的性质不同制造生产企业，公司的岗位多少不同，选择评价的方法各异，应结合自身特点，采用头脑风暴的办法，召开一次相关人员讨论会，详细介绍岗位评价的方法，让大家集思广益，选择适合的评价方法。

小贴士 Human Resources 头脑风暴法：就是通过小型的会议，按会前确定的会议主题与目标，让每个参与者自由交换思想，激发创意产生一种集体开发创造性思维的方法。

一、岗位排序法

它是由评价人员根据自己的工作经验主观判断岗位的相对价值，并按高低次序进行排列的方法，一般分为简单排序法和交替排序法二种。

1. 简单排序法

评价人员根据岗位的总体判断，按照岗位责任知识经验、技能要求、劳动强度、劳动环境等多个维度进行评价，按照岗位的重要性或者对企业的贡献度的高低顺序按由大到小或者由小到大的顺序排列。见表7-1与7-20。

表7-1　简单排序法示例

评价指标	评价人员：A				
	岗位一	岗位二	岗位三	岗位四	岗位五
岗位责任	1	2	4	3	5
知识与经验	2	1	3	5	4
技能要求	3	2	1	4	5
劳动强度	4	3	5	2	1
劳动环境	2	5	4	1	3
合计	12	13	17	15	18
初排序（由低到高）	1	2	4	3	5

为了提高排序的信度，在上表评价基础上根据每个评价人员对同一岗位的评价进行平均后再排序。

表 7-2 岗位排序表

评价人员	岗位一	岗位二	岗位三	岗位四	岗位五
A	1	2	4	3	5
B	2	1	3	4	5
C	1	3	4	2	5
D	2	1	4	5	3
平均值	1.5	1.75	3.75	3.5	3.6
排序（由低到高）	1	2	5	3	4

2. 交替排序法

它是简单排序法的拓展，即首先找出岗位价值最高和岗位价值最低的二个岗位，然后再从剩余的岗位中找出岗位价值最高和岗位最低的二个岗位，如此循环，直到把所有的岗位都排列完为止，并形成一个排序表。

表 7-3 交叉排序表

循环轮次	排序	岗位名称
1	岗位价值最高的	总经理
2	岗位价值次高的	副总经理
……	……	……
……	……	……
2	岗位价值次高的	文员
1	岗位价值最低的	清洁工

3. 岗位排序法的优缺点

岗位排序法的主要优点就是简单、容易操作、省时省力。适用于企业规模较小，岗位数量不多，新设立的岗位较多，评价者对岗位了解得不是很充分的情况。但是这种办法也有不完善之处：第一，这种方法带有极强的主观性，评价者多根据自己主观标准对岗位进行排序,不能清楚界定此岗位比彼岗位的重要程序及贡献度。第二,缺乏详细评价标准,易受特殊因素的影响,如在工作中频繁加班就会将此岗位价值评估过高。第三,此方法只能确定位置次序,无法确定二个岗位之间的价值差距到底有多少。第四,此方法还不容易找到对所有岗位都熟悉的岗位评价人员。

> **小贴士 Human Resources** 运用排序法对于小企业一人身兼多职的评价,建议先对岗位职责与工作内容等进行归类、合并,对工作量进行重新度量后建立新的基准,编写新的职务说明书,再依据职务说明书来进行岗位评价后再排序。

二、岗位分类法

岗位分类法,它是排序法的改进,就是通过制定一套岗位级别标准,将岗位职责与岗位级别标准进行比对,并将岗位归并到各个级别中去。它的关键是建立一个岗位级别体系,确定等级的数量和每一个等级的定义和描述。一般我们会根据岗位的作用和特征将全部岗位分为若干大类,如管理类、技术类、营销类、操作类等,再根据大类划分若干种类;再根据岗位性质的显著特性将岗位划分若干小类,之后确定岗位等级的数量,基本因素和等级标准,并对每一个等级的定义和描述。例如,对销售类的岗位分级标准见表7-4。

表7-4 销售类岗位分级标准

岗位等级		岗位等级描述
名称	级别	
实习生	1	不独立开展业务,协助销售员处理订单、发货、回款等事务,在销售员指导下对客户进行联系,并跟踪售后与服务。
销售员	2	在实习岗位需满一年,独立开展销售工作,业务范围仅限于公司划定的范围进行,定期向所在大区资深销售员汇报工作,对本人业绩负责。

续表

岗位等级 名称	级别	岗位等级描述
资深销售员	3	担任销售员满3年以上，负责牌区内某省的业务工作，指导、监督销售员工作与业务的开展，策划业务范围内的营销活动并组织实施，对本人及销售员业绩负责。
大区经理	4	担任资深销售员2年以上，负责大区（如华东区）范围内业务工作，负责在本片区内落实公司的营销策略，对片区业绩（销量、回款、成本、服务）负责。
销售部总监	5	担任片区经理2年以上，主持公司的市场开拓和产品销售工作，在总经理指导下，制定公司营销策略，确保公司的营销计划完成。

岗位分类法的优缺点：它是一种简单的，易于理解和操作的岗位评价方法，适用于大型组织或对大量岗位的评价；同时它的灵活度比较强，在岗位发生变化的情况下，可以迅速地将组织中新出现的岗位归类到合适的岗位类别与等级中去。但是它也有一些不足：一是对岗位等级划分与界定有一定难度，如果划分不合理就会对全部岗位评价产生影响；二是不同类型的岗位等级标准缺乏统一性，有可能造成同一等级的岗位其价值差异太大，岗位之间量化关系不清，如董事长秘书与销售总监。

小贴士 Human Resources 在划分岗位等级时，一是要明确该岗位到底划分几个等级比较合适？二是要兼顾岗位之间的等级如何对应？三是岗位的归类应有较明确的标准。四是要解决等级的权重问题。

三、评分法

评分法也叫点值法、要素计点法、因素评分法等，是目前应用最广泛、最精确、最复杂的定量化岗位评估方法。首先选定岗位的主要影响因素，并采用一定的点数（分值）表示每一个因素，然后按预先规定的衡量标准对现有岗位的各个因素逐一评比，估价，求得点数，经过加权求和，得到各个岗位的总点数。

1. 确定岗位评价的主要因素

岗位评价所选定的因素应是与执行岗位工作任务直接相关的重要因素，一般有四个方面。

（1）岗位的复杂与难易程度：包括执行本岗位工作任务所需要的知识、技能、教育程度、必要的培训、必要的工作经验等。

（2）岗位的责任：包括所使用的设备、器具、原材料、产品等的责任，即涉及岗位的人、财、物等方面的责任。

（3）劳动强度与环境条件：包括执行岗位任务的体力消耗，劳动姿势、环境、温度、湿度、亮度、空气污染、噪声等因素。

（4）作业的紧张程度、困难程度：如操作时的精神程度、视觉、听觉器官的集中注意程度，持续时间的长短，工作的单调性等。

2. 根据岗位性质和特征，确定各类岗位评价项目

（1）各岗位普遍采用的评价项目

① 劳动负荷量：指执行任务时所消耗的能量，可参照国标。

② 工作危险性：指该岗位工作伴随的危险性，以及从事该岗位任务时引起的伤害程度、职业病危害的可能性。

③ 劳动环境：指本岗位的自然环境因素和物质环境因素，其衡量指标为：温度、湿度、通风、色彩、噪声等环境指标。

④ 脑力劳动疲劳程度：指完成本岗位工作任务时，劳动者脑力劳动和精神上的负荷量。其衡量指标有工作单调度、工作速度、工作要求的精细度、决策反应程度、注意力集中度、持续时间等。

⑤ 工作复杂程度：衡量标准为岗位任务涉及的深度与广度。

⑥ 知识水平：指完成本岗位任务必要的理论知识、文化基础，其衡量标准为正规的参加学习的时间（学历）、学位、资格等。

⑦ 业务知识：指与本岗位有关的必要的专业知识，其衡量标准为有关知识的深度、广度（职称等）。

⑧ 熟练程度：指执行岗位任务所需的技能熟悉程度和困难程度，衡量标

准为从事该岗位掌握该项技能及达到某种水平的时间。

⑨ 工作责任：指执行本岗位内工作任务对人、财、物所负的责任，其衡量标准为该岗位的职责范围、权限，发生责任事故后的损失程度。

⑩ 监督责任：指执行本岗位任务对下级的指导和监督考核的责任，其衡量标准是岗位所要求的组织能力、权限等。

（2）各生产岗位的评价项目

① 体力劳动熟练程度。

② 脑力劳动熟练程度。

③ 体力和脑力劳动的劳动强度、紧张程度。

④ 劳动环境和条件对劳动者影响程度。

⑤ 工作的危险性。

⑥ 对人、财、物以及上下级的责任等。

（3）各职能岗位与管理岗位评价项目

① 受教育程度。

② 工作经验、阅历。

③ 工作复杂程度。

④ 工作责任。

⑤ 组织、协调、创造能力。

⑥ 工作条件。

⑦ 所受监督与所给予监督等。

3. 对各评价因素区分出不同的级别，并赋予一定的点数（分值）

在各评定项目总点数确定后，可采用等级差数规定本项目各级别的评分标准。

表 7-5 岗位所需教育程度标准表

评价等级	1	2	3	4	5	6	7
等级定义	小学	初中	高中（中专）	大专	本科	硕士	博士

表 7-6　岗位所需熟练程度定义表

评价等级	1	2	3	4	5
等级定义	本职位工作经历 1 年以内	本职位工作经历 1-3 年	本职位工作经历 3-5 年	本职位工作经历 5-8 年	本职位工作经历 8 年以上

表 7-7　岗位工作的复杂程度定义表

评价等级	1	2	3	4	5
等级定义	重复性工作，无须个人判断，遇问题可请示上级。	进行部门之间工作联系，并组织实施，能得到领导指导帮助。	经常进行部门间工作联系承担多种工作，要求较多的独立判断和分析解决有一定难度的问题。	负责本部门计划和实施，经常面对新问题，并有效解决各种复杂问题。	负责几个部门的主要工作协调解决各类问题。

表 7-8　岗位劳动的紧张程度定义表

评价等级	1	2	3	4	5
等级定义	简单工作，集中思想的时间较短暂。	按固定程序工作，间歇性集中思想。	复杂的工作须连续性地精力集中。	较复杂的工作，精力高度集中，有疲劳感。	紧张的工作精力高度集中、频度高，很疲劳。

表 7-9　岗位工作责任定义表

评价等级	1	2	3	4	5
等级定义	无大的经济责任失误对组织无大影响。	有限经济责任失误影响本部门工作或范围小。	有较大经济责任失误影响部门之间或公司的工作或利益。	很大的经济责任、失误影响公司较大经济利益和声誉。	负有影响公司根本利益和全局财政重大责任。

表 7-10　岗位监督责任定义表

评价等级	1	2	3	4	5
等级定义	简单管理工作或只负责本人工作。	按程序进行管理或负责2-8人管理工作。	进行专业项目管理或负责8-15人管理工作。	进行较复杂的项目管理或一个部门管理工作。	进行全公司或几个部门的管理工作。

4. 项目权重设计

将公司全部的评价项目进行归总、筛选、合并为一个总体，再根据各个评价项在总体中的地位、重要性、贡献度按百分比确定每个评价项目的权重。一般来讲，重要的项目给予较大的权重，次要的项目给予较小的权重。评价项目的权重目前还没有一套科学或现成的方法，它主要依据的是主观判断。权重的大小应从实际效果出发，根据企业的工作情况、目的、人事政策，以及各类岗位的性质和特征来加以确定。也可以将几种不同的权重方案在标准工作上进行试验比较，逐步确立项目之间的相对重要程度，以某公司为例的岗位评价的权重（数）分配表，见表7-11。

表 7-11　某公司某类岗位权重（数）分配表

岗位评价项目	权重（数）
（1）工作责任	17
（2）监督责任	17
（3）知识水平	12
（4）熟练程度	12
（5）业务知识	7
（6）工作复杂程度	7
（7）劳动紧张程度	7
（8）劳动的负荷量	7
（9）工作危险性	7
（10）劳动环境	7
合计	100

5. 等级配分

确定了岗位评价项目权重之后，即可给各个等级配分，一般采用下列方法之一即完成。

（1）最大权重法：按项目的百分比给每个因素的最高等级配分，然后再按等差级数、等比级数或不规则级数给各级配分：

表 7-12

岗位评价项目	权重 %	等级 1	等级 2	等级 3	等级 4	等级 5	级差
工作责任	17	6	9	11	14	17	3
监督责任	17	6	9	11	14	17	3
知识水平	12	4	6	8	10	12	2
熟练程度	12	4	6	8	10	12	2
业务知识	7	1	2.5	4	5.5	7	1.5
工作复杂程度	7	1	2.5	4	5.5	7	1.5
劳动紧张程度	7	1	2.5	4	5.5	7	1.5
劳动负荷量	7	1	2.5	4	5.5	7	1.5
工作危险性	7	1	2.5	4	5.5	7	1.5
劳动环境	7	1	2.5	4	5.5	7	1.5

（2）最小权重法即按项目百分比给每个因素的最低等级配分，然后再用等差级数，等比级数或不规则级数给各级配分，见表 7-13。

表 7-13

岗位评价项目	权重 %	等级 1	等级 2	等级 3	等级 4	等级 5	级差
工作责任	17	17	27	37	47	57	10
监督责任	17	17	27	37	47	57	10
知识水平	12	12	20	28	36	44	8

续表

岗位评价项目	权重 %	等级 1	等级 2	等级 3	等级 4	等级 5	级差
熟练程度	12	12	20	28	36	44	8
业务知识	7	7	10	13	16	19	3
工作复杂程度	7	7	10	13	16	19	3
劳动紧张程度	7	7	10	13	16	19	3
劳动负荷量	7	7	10	13	16	19	3
工作危险性	7	7	10	13	16	19	3
劳动环境	7	7	10	13	16	19	3

依上例，假设对某个岗位 10 个项目的评价结果如表 7-14 所列，按上式合计后即可知该岗位的总点数，计算公式为 $X=\sum x_i f_i = 1400$。

表 7-14 某岗位评价结果

评价项目序号	1	2	3	4	5	6	7	8	9	10	合计
评价点数 x_i	10	10	10	20	14	38	10	10	8	20	
权数 f_i	17	17	12	12	7	7	7	7	7	7	100
$x_i f_i$	170	170	120	240	98	266	170	170	56	140	1400

6. 评分法原则

点数相同的岗位之间的相对价值也相同，因此须将各岗位评价的点数进行分级、并将点数范围的岗位，归为一个等级。当然为了更细致地区别岗位价值，也可将一个等级内的岗位根据点数大小再划分若干级别。见表 7-15 岗位评价结果分级标准表。

表 7-15　岗位评价结果分级标准表

等级	级别	点数范围	等级	级别	点数范围
1	1	700 以下	2	1	801–820
1	2	720–740	2	2	821–840
1	3	740–760	2	3	841–860
1	4	760–780	2	4	861–880
1	5	780–800	2	5	881–900
3	1	901–920	4	1	1001–1020
3	2	920–940	4	2	1021–1040
3	3	941–960	4	3	1041–1060
3	4	961–980	4	4	1061–1080
3	5	980–1000	4	5	1081–1100
5	1	1101–1120	6	1	1201–1220
5	2	1121–1140	6	2	1221–1240
5	3	1141–1160	6	3	1241–1260
5	4	1161–1180	6	4	1261–1280
5	5	1181–1200	6	5	1281–1300
7	1	1301–1320	8	1	1401–1420
7	2	1321–1340	8	2	1421–1440
7	3	1341–1360	8	3	1441–1460
7	4	1361–1380	8	4	1461–1480
7	5	1381–1400	8	5	1481–1500
9	1	1501–1520	10	1	1601–1620
9	2	1521–1540	10	2	1621–1640
9	3	1541–1560	10	3	1641–1660
9	4	1561–1580	10	4	1661–1680
9	5	1581–1600	10	5	1681–1700

续表

等级	级别	点数范围	等级	级别	点数范围
11	1	1701–1720	12	1	1801–1820
	2	1721–1740		2	1821–1840
	3	1741–1760		3	1841–1860
	4	1761–1780		4	1861–1880
	5	1781–1800		5	1881–1900
13	1	1901–1920	14	1	2001–2020
	2	1921–1940		2	2021–2040
	3	1941–1960		3	2041–2060
	4	1961–1980		4	2061–2080
	5	1981–2000		5	2081–2100
15	1	2101–2120	16	1	2201–2220
	2	2121–2140		2	2221–2240
	3	2141–2160		3	2241–2260
	4	2161–2180		4	2261–2280
	5	2181–2200		5	2281–2300

7. 评分法的优缺点

（1）优点

① 可靠性强：评分法运用具有准确和清楚定义的因素，对岗位进行系统的比较，能够减少评价中的主观随意性。

② 易于被人理解和接受：由于它是若干评定因素综合平均的结果，并且有较多的专业人员参与评定，提高了评价的准确性。

③ 适应性强：一是因选择的因素多；二是评价人员无须熟悉每一工作的全部情况，只是按照职务说明书逐个因素对每个工作进行分析。

④ 稳定性强：当引进新的工作或现存工作发生变化时，不必要在相同组内再与其他所有工作进行系统比较，只须根据评价体系就很容易确定其等级。

（2）不足之处

① 工作量大，较为费时费力。评分法需要对每个工作进行深入研究，在评定每个因素时，常常要经过2~3个评价人员的评定，然后进行综合，这项工作相当烦琐，花费大量时间。

② 评价系统建立十分困难，工作分析的因素及等级定义，要求评价人员具有相当技能。

③ 选定评价项目，以及分配权数时还是带有一定的主观性。

> **小贴士** 评分法有其他评价方法无法比较的客观优势，但是专业性、复杂程度也高。因此建议有丰富经验的专业咨询公司辅导就如虎添翼，并能真正做到客观、公正了。

四、因素比较法

它是由排列法衍化而来的。它是先选定岗位的主要影响因素，然后按要素对岗位进行分析后排序，它的步骤如下。

1. 这项有代表性的岗位

1. 从全部岗位中选出15~20个主要的具有代表性的岗位。具体选定多少则依企业的规模而定，主要岗位选取则应挑选相对稳定的，被大多数人公认的岗位。

2. 选定各岗位共有的影响因素

作为岗位评价的基础，影响因素一般包括以下五项：

（1）智力条件：包括记忆力、理解力、判断力、受教育与培训程度、专业知识、基础知识等。

（2）技能条件：包括工作技能和特殊技能。

（3）责任条件：包括对工作的自由度，监督与被监督责任，对人、财、物支配、监督责任，失误造成的损失大小，影响面等。

（4）身体条件：包括体质、体力、运动能力等。

（5）劳动环境条件：包括工作地的温度、湿度、光线、噪声、粉类化学品危害，职业病危害等。

3. 对比影响因素

将每个主要岗位的影响因素分别加以比较，然后按程度高低排序。其排序方法与排列法一致。

表7-16 某公司部分岗位排序

岗位	智力要求	体力要求	技能要求	劳动责任	劳动条件
会计	4	1	3	4	1
文书	3	1	3	3	1
司机	3	2	3	3	2
保安	2	3	2	2	2
勤杂工	1	3	1	1	3

4. 确定薪酬因素权重

岗位评价小组对每一岗位确定工资率，即按上述五种因素进行分解、确定每个薪酬要素在岗位工资水平的权重，其结果见表7-17。

表7-17 分要素工资率表

岗位	工资率（元/H）	智力要求	体力要求	技能要求	劳动责任	劳动条件
会计	9.8	4.0	0.4	3.00	2.00	0.4
司机	7.5	3.0	0.4	2.5	1.0	0.4
文书	7.7	2.0	0.8	2.8	1.3	0.8
保安	5.1	1.	1.5	1.2	0.6	0.5
勤杂工	4.4	1.0	2.0	0.5	0.4	0.5

5. 因素比较法的优缺点

（1）优点：一是详细具体，可作为其他岗位评价的参考；二是薪酬与外部市场挂钩，可使公司的薪酬水平具外部的公平性；三是比要素计点法容易设计。

（2）缺点：一是当职位出现变动时，该方法不易作出相应的调整，二是员工理解较难。

> **小贴士** 所谓的工资率，就是指单位时间内的劳动价格，也就是单位时间的劳动报酬，根据单位时间不同分为日工资率与月工资率。

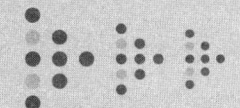

第8章
岗位评价的操作流程

如何制订岗位评价计划

如何设计"岗位评价标准表"

岗位打分的操作步骤有哪些

如何设计科学合理的岗位评价系统

如何根据岗位五个主要因素确定子因素

怎样对因素指标进行分级定义才合理

如何判断岗位评价结果的有效性及如何纠编

岗位评价是一项非常重要且比较复杂的基础性的工作，它主要的功能是实现薪酬管理的内部公平公正性，以数值的量化形式表现岗位的综合特征，并横向比较岗位的价值，对岗位实行划岗定级，并将各层级的岗位的量值转化为货币值，从而建立科学、合理、公平的薪酬制度。

要做好岗位评价工作不仅需要相关人员具备较高的专业素质，而且还需要一套实用的岗位评价的流程来帮助企业对岗位评价活动进行规划和控制，提高工作效率、节约操作成本。根据企业的实际情况，结合国内外岗位评价理论研究范本，我们可制定一个比较实用的岗位评价操作流程。它包括四个阶段：岗位评价准备阶段、培训与沟通阶段、实施评价阶段反馈与调整阶段。

01 岗位评价前的准备

在岗位评价之前，主要的工作就是确立岗位评价的信息，标杆岗位，制订评价计划，动员员工。

一、收集确定岗位评价的信息

岗位评价所需要的信息很多，绝大多数的信息可以通过岗位调查、岗位分析和岗位设计等环节获得，它一般包括：

1. 职务说明书：经过岗位分析完善的职务说明书是进行岗位评价的基础，因为职务说明书对各岗位的具体职责、工作内容、权限、任职资格、工作环境等都做了详细的说明，这些将成为岗位评价时的重要考虑依据。

2. 岗位规范文件与制度：它是对某部门职能工作作出明确的规范，它有以下内容：

（1）岗位劳动规则，包括：时间规则、组织规则、岗位规则、协作规则、行为规则等。

（2）定员定额标准，包括：编制定员标准、各类岗位人员标准、时间定额标准、产量定额标准、双重定额标准（人员与产量或时间与产量）等。

（3）岗位培训规范：对岗位员工职业技能培训与开发所作的具体规定。

（4）岗位员工规范，即岗位的任职资格条件。

二、确定待评的岗位

要做岗位评价，首先要确定哪些岗位参与评价。一般来说，我们会根据组织结构图、业务流程以及岗位性质不同，将岗位分为四大类职系：管理类岗位、技术类岗位、生产类岗位、服务类岗位。并对企业内的岗位按四种类型进行清理，列出需要进行评价的岗位名称、目录，保证不会遗漏任何需要评价的岗位。

如果企业的岗位较少，我们可把所有岗位纳入评价范围；如果企业岗位较多，就要从各种类型中选出有代表性的标杆岗位进行评估。标杆岗位的选取不宜太多，太多花费人力、物力较大；也不宜太少，太少岗位评价结果就缺乏合理性，一般选取 10-15 个岗位为宜（占总岗位数的 60% 左右），并且要分布在各个层级，涵盖各岗位系列。

三、制订岗位评价的计划

岗位评价跟其他管理活动一样，为了保障评价活动的实施，必须确立评价的目标，对过程进行控制，及确定所需的组织与资源保证。一般来说一份完善的评价计划应有以下内容：

1. 成立岗位评价机构

岗位评价委员会或领导小组是岗位评价工作的主体，它一般由行政主要领导、总工程师、管理师、工会负责人或代表、各部门主管等组成。它的主要职责是讨论通过评价标准、评价技术、评价方法，以及对岗位评价中的重大问题进行决策，审定岗位评价的结果。

岗位评价委员会应对企业的岗位较为了解，在员工中有一定的影响力，又具有一定的知识素养，同时还应兼顾基层员工代表人数。最好能涵盖企业高、中、基层，其中中层员工数量应占多数，委员以 30 人左右为宜。

值得注意的是评价人员的占比要依企业的性质、规模诸多因素来区别考虑。制造型的企业基层员工占比相对高一些，贸易型公司中层员工占比相对高一些，高新技术企业则专业技术人员占比相对高一些。

2. 确定评价的时间、地点

因每个企业都要正常开展业务，而岗位评价需要由高、中、基层员工的共同参与，因此必须对评价的时间进行规划，以便评价人员不与正常工作相冲突，被其他事情干扰。

对于评价项目进行的地点，也要根据实际情况综合考虑，最好有一个安静、温度适宜、硬件设施齐全的大办公室。比较大的企业，岗位数量较多的，一天不能完成评价内容的，还需将评价过程的连续性考虑进去。

3. 确定评价过程的纪律

评价工作是一项严肃的工作，需要评价人员通力合作才能达成。一方面应规范评价过程的工作纪律，另一方面应规范评价结果的保密纪律，还不成熟的评价结果传播出来，势必影响员工的情绪。

4. 确定评价会议主持人

一个好的主持人对于整个评价过程的成功是非常关键的，主持人担负着控制会议节奏，处理评价数据，撰写评价报告的责任。他的作用是保证会议按着既定的程序进行，确保每一个岗位均能得到公正的评价，但又不能影响评价人员对岗位评价所作的决定。

因此，在选择主持人时一定要有岗位评价经验，且有良好的控场能力，还要对公司的岗位有一定的了解。

值得注意的是，主持人不能参与打分。因为评价分数出来后，需进行讨论的，如果主持人也参与打分就有可能因为自己的主观观点，误导自由讨论，导致评价结果失真。

> **小贴士** 岗位评价委员会，工会代表的比例要能体现只有广泛的民意代表性，并要积极沟通，提高他们参与的热情，特别是在评价意见不统一时，更要耐心取得他们的支持与理解，达成妥协。这样评价的结果才为全体员工所接受。

02 设计岗位评价系统

岗位评价是对企业各类具体劳动的抽象化、定量化的过程，因此就必须事先规定比较系统的全面反映岗位现象本质的评价体系。它主要有以下几个子系统组成：岗位评价指标、岗位评价标准、岗位评价技术与方法、岗位评价结果加工和分析。

一、岗位评价指标的构成

岗位评价要素是指构成并影响岗位工作任务的最主要的因素。岗位评价具体测量、评比的对象就是这些基本的要素，岗位评价要素以及构成这些要素的各类指标的合理不确定，是保证岗位评价工作质量的重要前提。在确定岗位评价要素时，首先应当明确各个要素的重要程度，其实，再决定要素的取舍。一般来说，次要因素或无相关的因素不应当列入评价要素所属的指标体系中。

为了对岗位进行系统评价，应当根据岗位评价的要求，对影响岗位工作任务的诸多因素进行分析，将其转换为多维度的可测量、可评比的评价指标。它是指标名称与指标数值的统一，评价指标名称概括了影响岗位诸多要素。即"人"与"事"和"物"的性质，指标数值反映了"人"与"事"和"物"存在的数量特征。结合已有的理论体系与公司实际情况，在与××顾问公司的协助下，将影响岗位员工作的数量和质量的因素，他们按四大职系分别概括为：知识技能、劳动技能、劳动责任、劳动强度、劳动环境五个主要因素，并根据五个主要因素确定了 26 个子因素。

1. 管理岗位评价指标

（1）知识技能要素。是指岗位任职者完成岗位工作任务，履行岗位职责所应具有的知识、工作经历、专业知识以及知识的深度与广度，主要包括：

① 学历要求。履行职责与任务，应具备的基本知识水平。

② 工作经验。履行岗位职责与任务应具备的同行业或从业经历多少。

③ 专业知识。从事本岗位技术与管理工作，应具备的专门管理与技术知识。

④ 知识的广度。从事本岗位工作应具有的知识范围大小。

⑤ 处理公文能力。评价岗位工作中对公文写作应用的熟练程度。

（2）劳动技能要素。是指在工作过程中对岗位任职者技术方面的要求，主要反映岗位对任职者智能要求的程度，主要包括：

① 学习能力。评价任职者在正式与非正式的学习环境下，自我求知、做事，发展的愿力程度。

② 分析判断能力。评价任职者在该岗位工作中应具有的分清实质问题，提出解决方案等能力大小。

③ 决策能力。评价任职者在该岗位工作中应具有的识别机遇、问题并运用有效方法，采取行动来应对现实，限制和结果。

④ 领导能力。评价任职者在该岗位工作中应具有的把握组织团队使命，动员、引导团队实现目标的能力大小。

⑤ 人际沟通能力。评价任职者在该岗位工作中应具有的理解与被理解的能力。

⑥ 创新能力。评价任职者在岗位工作中应具有的运用知识、理论等各种实践中创造经济与社会价值，提出新思想、新方法、新发明的能力。

⑦ 处理突发事件能力。评价任职者在岗位工作中应具有对突发事件预见力、预测力、预防力、预警力、处置力。

（3）劳动责任要素。是指岗位在生产与工作中的责任大小，主要反映的是任职者智力的付出和心理状态。主要包括：

① 经济效益责任。评价岗位生产与工作过程中对利润、成本、损耗费用等指标的责任大小。

② 风险控制责任。评价岗位在生产与工作过程中对经营、管理、安全控

制的责任大小。

③ 安全管理责任。评价岗位在生产与工作过程中对安全的影响程度。

④ 协调责任。评价岗位在生产与工作活动中协调不畅对公司运营、管理的影响程度。

⑤ 管理的幅度。评价岗位在生产与工作活动中管理人员的多少与管理人员难度的大小。

⑥决策的责任。评价岗位决策后果对公司的影响程度。

⑦法律责任。评价责任在工作活动中的法律责任大小。

（4）劳动强度要素。是指岗位在生产与工作过程中任职者身体与心理的影响，主要反映岗位任职者的体力消耗和生理、心理的紧张程度。主要包括：

① 工作压力。评价岗位在工作活动中承担的生理、心理、行为等的职业应激程度。

② 工作紧张程度。评价任职者生理器官的紧张程度。

③ 工作复杂程度。评价岗位工作活动的难易程度。

（4）工作负荷量。评价岗位的净工作时间的长短。

（5）劳动环境要素。是指岗位的劳动卫生状况，主要反映的是劳动环境中的有害因素对任职者健康的影响程度，主要包括：

① 工作时间。评价岗位的正常上下班状况。

② 噪声危害。评价岗位任职者接触噪声对其健康的影响程度。

③ 职业病危害。评价岗位任职者接触物理、化学、生物性等有害因素对其身体的危害程度。

2. 技术岗位评价指标

（1）知识技能要素。是指岗位任职者完成工作任务，履行岗位职责应具有的学历、专业知识、业务技术知识、相关职业资格、专业技术程度。主要包括：

① 学历要求：评价岗位应具备的基本知识水平。

② 专业知识：评价岗位掌握与岗位相关的规程，实践经验的程度。

③ 业务技术知识：评价岗位掌握业务与技术专业领域的技术积累程度。

④ 相关资格证书。评价岗位取得的技术等级。

⑤ 专业技术。评价岗位掌握技术的宽度。

（2）劳动技能要素。是指在工作过程中岗位任职者技术方面的要求，主要反映岗位对任职者技能要求的程度，主要包括：

① 工作经验。评价岗位从事本职工作的长短。

② 基本操作能力。评价岗位操作的应知应会，技术能力等级。

③ 组织策划能力。评价岗位对项目、方案的组织、执行能力。

④ 创新能力。评价岗位新思想、新方法、新发明、新创造上的突破程度。

（3）劳动责任要素。是指岗位在生产与工作中的责任大小，它反映的是任职者的智力付出和心理状态，主要包括：

① 质量责任。评价岗位生产与工作活动中对质量指标的责任大小。

② 技术责任。评价岗位在生产与工作活动中对技术指标的责任大小。

③ 安全管理责任。评价岗位生产与工作活动对安全的影响程度。

④ 管理幅度。评价岗位生产与工作活动对人员的监督幅度与难度。

（4）劳动强度要素。是指岗位在生产与工作过程中，任职者身体与心理的影响，主要反映任职者体力消耗和生理与心理紧张程度，主要包括：

① 工作的复杂程度。评价岗位工作内容的繁杂程度。

② 工作负荷量。评价岗位的净工作时间的长短。

（5）劳动环境要素。是指岗位的劳动卫生状况，主要反映的是劳动环境中有害因素对任职者健康的影响程度。

① 工作时间。评价岗位正常上下班状况。

② 工作场所。评价岗位工作活动地环境状况。

③ 安全隐患。评价岗位工作活动中危险性的概率大小。

3. 生产岗位评价指标

（1）知识技能要素。是指岗位任职者完成工作任务应具备的基本知识要求，主要包括：

① 教育程度。评价岗位具备的基本知识水平。

② 专业知识。评价岗位掌握的与岗位相关的操作规程的程度。

（2）劳动技能要素。是指在生产过程中岗位任职者对操作技术方面的要

求,主要包括:

① 技能素质。评价岗位生产过程中的技能素质水平。

② 工作经验。评价岗位从事本职工作的长短。

(3)劳动责任要素。是指岗位在生产过程中的责任大小,它反映的是任职者的智力付出和心理状态,主要包括:

① 产量责任。评价岗位生产活动中对产量责任的大小。

② 质量责任。评价岗位生产活动中对质量指标的责任大小。

③ 成本责任。评价岗位对成本的影响程度。

④ 安全生产责任。评价岗位对安全生产影响程度。

⑤ 管理责任。评价岗位对生产活动中人员的监督幅度与难度。

(4)劳动强度要素。是指岗位生产过程中对任职者身体与心理的影响,它反映的是任职者体力消耗和生理、心理紧张程度,主要包括:

① 工作负荷度。评价岗位净劳动时间的长短。

② 精神疲劳度。评价岗位多样性、时效性的强度大小。

(5)劳动条件要素。是指岗位的劳动卫生状况,反映的是劳动环境接触有害物质的概率大小,主要包括:

① 工作时间:评价岗位正常上下班的状况。

② 工作环境:评价岗位接触有害物质的概率大小与时长。

4.服务岗位评价指标

(1)劳动技能要素。是指岗位在服务过程中对任职者技术素质方面的要求,反映的是任职者智能要求的程度,主要包括:

① 文化素质。评价岗位具备的基本知识水平。

② 专业知识。评价岗位专业知识和技术等级要求。

③ 工作经验。评价岗位用途的培训与工作时间长短。

④ 工作灵活性。评价岗位工作的复杂与紧张程度。

⑤ 沟通技能。评价岗位应具信息交流与协调能力。

⑥ 决策影响力。评价岗位决策对他人、部门、公司的影响大小。

(2)劳动责任要素。是指岗位在服务过程中的责任大小,主要反映岗位劳动者智力付出和心理状态，主要包括：

① 外部协调责任。评价岗位在服务过程中与外部协调不力对公司劳动与管理的影响程度。

② 内部协调责任。评价岗位在服务过程中与内部协调不力对部门与公司的影响程度。

③ 安全责任。评价岗位对整个服务过程安全的影响程度。

④ 管理责任。评价岗位在指导、协调、分配、考核等管理工作上的责任大小。

（3）劳动强度要素。是指岗位在服务过程中对任职者身体的影响，主要反映岗位任职者体力消耗和心理、生理紧张程度，主要包括：

① 工作负荷量。评价岗位体力消耗程度，以净工作时间来衡量。

② 劳动疲劳度。评价岗位任职者生理器官的紧张程度。

（4）劳动条件要素：是指岗位在服务过程中的劳动卫生状况，反映岗位任职者在岗位服务环境中对健康的影响，主要包括：

① 工作时间。评价岗位正常上下班状况。

② 工作环境。评价岗位作业类型及危险程度大小。

值得注意的是，在上述的评价指标中，我们一般又根据指标的性质和评价方法的不同分为二类：一类为评定指标，它是由评价委员会成员直接对岗位进行评比、评估，如劳动技能、劳动责任要素等；另一类是测评指标，需使用专门方法或仪器来进行测量并进行技术测定，如劳动强度、劳动环境要素等。

Human Resources 小贴士 本书将岗位评价的主要要素分为5类，在此基础上分为26个子因素。实际的操作中有的文献分类得更多、更细的。各位HR可以充分借鉴，以选择适合自己公司的主要因素和子因素。

二、定义岗位评价因素指标分级标准

在建立岗位评价的指标之后，下一步就是对因素指标进行分级定义，以方便作为岗位评价评估的标准，更明确岗位的因素指标价值，使评估结果更具客观性。

1. 知识技能要素分组标准与定义

表 8-1　管理岗位指标子因素分级标准表

要素指标	子因素	因素等级	分级标准
知识技能	学历要求	1	高中或中专。
		2	大专。
		3	本科及同等学历。
		4	硕士研究生及同等学历。
	工作经验	1	1年以下。
		2	1~2年，同岗位一年以上。
		3	2~4年，同岗位二年以上。
		4	4年以上，同岗位四年以上。
	专业知识	1	掌握基本的专业知识即可。
		2	在掌握基本专业知识外，至少掌握一项相关专业知识。
		3	专业知识要求较高，并需不断更新，紧跟专业前沿。
		4	专业知识要求高，并需将专业知识运用于企业决策。
	知识的广度	1	只需掌握本专业基本知识即可完成本职工作。
		2	需运用1~2门相关专业知识，使用频率较高（40%以上）。
		3	需运用2~3门跨专业知识进行日常工作。
		4	需通过不断补充新知识，接受培训来完成工作。
	公文处理能力	1	处理普通的信息、邮件、会议记录、总结、工作计划写作。
		2	需撰写向领导汇报的重要文件，重大媒体宣传稿，公司的规章制度、方案等。
		3	需撰写向领导汇报的重要文件，重大媒体宣传稿，能看懂至少一门外文的文件、邮件、报告等。
		4	需用外语起草重要文件、宣传稿、制度规范、标准方案合同等，需与外籍人员直接会谈。

续表

要素指标	子因素	因素等级	分级标准
劳动技能	学习能力	1	需利用业余时间补充一定额外知识。
		2	需学习专业以外的 1–2 门学科，以便工作有效开展。
		3	每隔一段时就需补充大量新知识、掌握新方法和技巧。
		4	需不断接受新知识，并能运用到工作中。
	分析判断力	1	只需按规范操作即可。
		2	按工作程序规范操作，需具有基本分析判断能力。
		3	有一定工作流程和规范，但工作灵活性强，需具有较强的分析判断能力。
		4	有一定工作流程和规范，但工作灵活性强，复杂程度高需具备很强的分析判断能力。
	决策能力	1	工作中基本不用自己作决策，对他人影响不大。
		2	工作中需作出一定决策，决策影响到所在班组成员工作。
		3	工作中需作出较大决策，决策影响到本部门及工作关系密切的部门。
		4	工作中需作出重大决策，决策影响到整个公司的营运与发展。
	领导能力	1	基本领导素质，只对本部门内某个小组负责，管辖 3 人以上。
		2	具较强的团队能力，对本部门整个工作负责。
		3	具很强的管理能力，对二个或多少部门，或者企业某一部门工作全权负责。
		4	具很强的领导能力，对整个公司负责。
	人际沟通	1	只与本部门的人员交流和工作上联系，同公司其他部门联系较少。
		2	同公司其他部门有一定的交流和工作联系，频率不高。
		3	因工作内容的变更，经常与其他部门沟通。
		4	除了与公司内部各部门人员沟通外，还需与外部组织沟通。

续表

要素指标	子因素	因素等级	分级标准
	创新能力	1	有规范的工作程序，基本不需改变。
		2	工作程序基本程序化，需一定的创新能力。
		3	工作具一定挑战性，需较强的创新能力。
		4	工作具一定挑战性，需很强的创新能力。
	处理突发事件能力	1	岗位基本无突发事故，即使有也是偶尔发生。
		2	事故有一定规律且可事先预防，发生概率大小，处理难度不大。
		3	事故没有一定规律且不可先预防，发生概率小，处理难度较大。
		4	事故没能规律不能先预防，需多年实践经验和专业知识积累，处理难度很大。
劳动责任	经济效益责任	1	对公司的整体经济效益不负责任。
		2	对公司的经济效益负部分责任（40%以下）。
		3	对公司的经济效益负很大责任（40%~70%）。
		4	对公司的经济效益负主要责任（70%以上）。
	风险控制责任	1	无须风险控制，对公司的影响不大。
		2	需一定的风险控制，对部门产生影响。
		3	有较大的风险控制，对公司带来明显的影响。
		4	有很大的风险控制，对公司带来严重的后果。
	安全生产责任	1	责任较小，基本无安全生产管理。
		2	责任较大，对部门安全生产管理显著影响。
		3	责任很大，对公司安全生产管理显著影响。
		4	责任重大，对公司安全生产管理起关键作用。
	协调责任	1	几乎不用与他人沟通协调即能完成工作。
		2	需与本部门及其他部门进行沟通协调，对双方工作有一定的影响。
		3	需与本部门、公司其他部门及少量外部组织进行协调，对工作有较大影响。
		4	除与公司内部联系外，还需与公司外组织进行密切联系，对公司有至重要的影响。

续表

要素指标	子因素	因素等级	分级标准
	决策责任	1	作出的决定只影响本组成员工作，对整个公司几乎无影响。
		2	作出的决定影响本部门的工作，对公司有一定影响。
		3	作出的决定影响多个部门的工作，对公司有很大影响。
		4	作出的决定直接关系公司的发展与正常营运。
	管理幅度	1	接受别人的管理，基本不管理他人。
		2	管理一个小组或一个工作项目。
		3	管理一个部门或多个项目小组。
		4	对整个公司负责。
	法律责任	1	基本不参与合同、协议等起草与谈判工作。
		2	需撰写合同、协议，需对结果负小部分责任。
		3	需撰写合同、协议，需对结果负较大责任。
		4	审核各种合同、协议，对结果全部责任。
劳动强度	工作压力	1	按规范的程序工作，灵活度小、压力小。
		2	工作灵活度较强，但难度不大，有一定工作压力。
		3	工作中需要经常作出快速反应，难度较大，工作压力较大。
		4	工作任务多样化、难度大，经常需作出快速反应，工作压力大。
	工作紧张程度	1	有明确的工作目标和工作标准，自己能较好安排工作。
		2	需灵活处理自己工作，正常节奏。
		3	需灵活处理自己工作，节奏紧张。
		4	工作时间高度的脑力劳动，且经常加班。
	工作复杂程度	1	处理一些简单的日常事务，不需培训即可上岗。
		2	负责某一方面事务，需经过培训方可胜任。
		3	负责某部门工作，且会有突发事件处理，需多种技能才能胜任。
		4	负责公司全面工作，需多种技能，工作难度大。

续表

要素指标	子因素	因素等级	分级标准
	工作负荷量	1	工作量适中，平均净工作时间＜7小时。
		2	工作量较大，平均净工作时间在7~8小时，需充分利用时间合理地安排工作。
		3	工作量大，平均净工作时间在8~10小时，需充分利用时间合理地安排工作。
		4	工作繁重，平均净工作10小时以上，50%公休日需处理公务。
	工作时间	1	正常上下班时间。
		2	大部分上下班时间正常，偶尔需出差。
		3	无固定上下班时间，经常需出差，但自己可以控制时间。
		4	无固定上下班时间，自己无法控制时间。
劳动环境	噪声	1	噪声在65分贝以下。
		2	噪声在65~95分贝。
		3	噪声在95~115分贝。
		4	噪声在115分贝以上。
	职业病危害	1	基本无危害。
		2	偶尔接触危害源，存在潜在危害。
		3	较多的接触危害源，需配戴防护用具、用品。
		4	经常在危害性场所工作，职业病发生概率高。

2. 技术岗位指标子因素分级标准与定义

表8-2　技术岗位指标子因素分级标准表

要素指标	子因素	因素等级	分级标准
知识技能	学历要求	1	高中或中专。
		2	大专。

续表

要素指标	子因素	因素等级	分级标准
劳动技能		3	本科。
		4	硕士及以上。
	专业知识	1	了解本岗位相关规范和操作程序即可。
		2	需系统掌握本岗位相关规范和操作程序，具基本实操经验。
		3	需系统掌握岗位操作规范和操作程序，具基本实操经验，了解本行业技术发展。
		4	专业知识要求高，需具独到见解和创意。
	业务技术知识	1	仅掌握本专业领域基本知识即可。
		2	需掌握本专业领域主要知识。
		3	需掌握本专业主要知识，并具相关专业主要知识。
		4	需具本专业与相关专业深厚技术知识积累，并跨专业知识。
	职业技术资格	1	需具初级专业技术资格证。
		2	需具中级专业技术资格证。
		3	需具副高级业技术资格证。
		4	需具高级业技术资格证。
	专业技术	1	能解决日常技术问题即可。
		2	需进行有一定难度的新技术、新项目开发工作。
		3	需负责项目开发、技术管理工作。
		4	需负责公司的技术开发与管理工作。
	工作经验	1	从事本职工作一年以下。
		2	从事本职工作1~3年。
		3	从事本职工作3~5年。
		4	从事本职工作5年以上。
	操作能力	1	基本应知应会。
		2	精通本岗位某一方面技术，需解决一些小课题。
		3	精通本专业，具较强技术分析能力，能组织，指导某一个项目或技术开发。
		4	全面领导公司技术管理工作及重大项目技术工作。

续表

要素指标	子因素	因素等级	分级标准
	组织策划能力	1	基本不涉及技术方案的策划。
		2	需组织部门内的技术方案丘墓工作，方案具一定可行性。
		3	组织公司的技术方案丘墓，能保证项目按要求完成。
		4	审核公司技术方案，并制定保障措施，保证项目按要求完成。
	创新能力	1	有规范的操作程序，基本不需改变。
		2	部分工作需自己独立分析判断，具一定创新能力。
		3	需在工作关键环节进行技术革新和方法创新，具较高的创新能力。
		4	工作具很高挑战性，需很强创新能力。
劳动责任	质量责任	1	一般辅助性工作，不对质量指标负责。
		2	直接负责产品的技术与检测指标，责任较大。
		3	对产品的质量关键指标负主要责任，责任很大。
		4	对产品的质量负全面责任，责任重大。
	技术责任	1	责任一般，对公司技术管理工作影响小。
		2	责任较小，对公司技术管理工作有一定影响。
		3	责任很大，对公司技术管理工作影响较大。
		4	责任重大，对公司技术管理工作影响重大。
	安全管理责任	1	对安全生产无影响，不对安全管理负责。
		2	负责本组或项目的生产管理责任，对部门安全生产产生影响。
		3	负责本部门或重大项目安全生产责任，对公司影响较大。
		4	负责公司安全生产管理，具较强专业知识和敏锐的预见能力。
	管理幅度	1	被领导，无直接下属。
		2	负责小组或项目组工作，直接下属2~7人。
		3	负责部门技术工作，直接下属2~5人。
		4	负责公司技术工作，直接下属2~3人。

续表

要素指标	子因素	因素等级	分级标准
劳动强度	工作复杂程度	1	工作任务明确，难度较小。
		2	工作任务繁杂，部分任务需具备较强的分析、独立解决能力。
		3	工作内容是全新的，需进行一项或多项的研发工作，难度较大。
		4	解决公司的重大技术问题。
	工作负荷量	1	工作任务明确，难度较小，平均净工作时间 < 7 小时。
		2	工作量适中，平均净工作时间 7—8 小时，需充分利用时间才能合理安排工作。
		3	工作量较大，平均净工作时间 8—10 小时，需经常加班才能完成工作。
		4	工作繁重，平均净工作时间 10 小时以上，具 50% 公休需加班处理工作。
劳动环境	工作时间	1	正常上下班时间。
		2	大部分上下班时间正常，偶尔需出差。
		3	无固定上下班时间，经常出差，但自己可控制时间。
		4	无固定上班时间，自己无法控制时间。
	工作场所	1	室内：环境较好。
		2	室外：现场检测、试验。
	安全隐患	1	无危险
		2	有一定危险。

3. 生产岗位指标子因素分级标准与定义

表 8-3　生产岗位指标子因素分级标准表

要素指标	子因素	因素等级	分级标准
知识技能	学历要求	1	初中及以下学历

续表

要素指标	子因素	因素等级	分级标准
		2	高中或中专学历。
		3	大专学历。
		4	本科及以上学历。
	专业知识	1	掌握本专业基本知识,能进行一般运用即可。
		2	熟练运用本专业知识。
		3	具本专业与相关专业知识,并熟练运用。
		4	具本专业和多领域知识,并灵活运用。
劳动技能	技能素质	1	会简单操作机器、设备,使用较简单工具、量具等。
		2	熟练操作机器、设备、工具、量具等,具一定技能水平。
		3	岗位对操作素质要求较高。
		4	岗位对技能素质要求很高。
	工作经验	1	无须工作经验,稍有培训即可上岗。
		2	需一年左右工作经验或经三个月以上实习方可独立上岗。
		3	需 1~2 年工作经验,经长期训练才胜任岗位要求。
		4	需 2 年以上工作经验。
劳动责任	产量责任	1	一般辅助与服务工作,不对产量负责。
		2	辅助与服务生产重要工作,对产量有一定影响。
		3	生产工序中的一般工作,对产量有较大影响。
		4	生产工序中的主要工作和维修工作,对产量影响很大。
	质量责任	1	一般辅助与服务工作,不对质量指标负责。
		2	协助生产,对质量有一定影响。
		3	负责产品生产的主要工序或产品检测,质量责任较大。
		4	负责公司质量保障,责任重大。
	成本责任	1	一般辅助、服务工作,不对成本负责。
		2	直接从事产品生产,对成本负一定责任。
		3	负责技术、工艺、设备、方法改进,对成本负较大责任。

续表

要素指标	子因素	因素等级	分级标准
		4	全面负责公司生产成本管理,责任重大。
	安全生产管理	1	责任小,对本单位安全生产影响不大。
		2	责任一般,对本单位安全生产有一定影响。
		3	责任较大,对本单位安全生产有较大影响。
		4	责任很大,对本单位安全生产有很大影响。
	管理责任	1	只接受管理,不管理其他人。
		2	责任较小,直接管理3~5人。
		3	责任较大,直接管理5~15人。
		4	责任重大,直接管理15人以上。
劳动强度	工作负荷	1	工作量适中,日均纯劳动时间在7小时内。
		2	工作量较大,日均纯劳动时间在7~8小时。
		3	工作量很大,日均纯劳动时间在8~10小时。
		4	工作量繁重,日均纯劳动时间在10小时以上。
	精神疲劳度	1	工作内容重复,压力较小。
		2	任务灵活,有一定压力。
		3	任务灵活、多样性,时限性较强,压力大。
		4	需创新,精神高度紧张。
劳动条件	工作时间	1	正常上下班时间。
		2	早班、值班。
	工作环境	1	正常办公工作,无劳动危险。
		2	偶尔接触有害物质,危害程度低。
		3	短时间可能接触有害物质,有一定危害。
		4	长时间接触有害物质,危害程度高。

4. 服务岗位指标子因素分级标准与定义

表 8-4　服务岗位指标子因素分级标准表

要素指标	子因素	因素等级	分级标准
知识技能	文化素质	1	初中及以下学历。
		2	高中与中专学历。
		3	大专与本科学历。
		4	硕士及以上学历。
	专业知识	1	了解本行业基本知识，能一般应用。
		2	了解本行业专业知识，能熟练应用。
		3	了解本行业与本专业相关知识，完全掌握其相互关系。
		4	掌握权威性专业知识。
劳动技能	工作经验	1	1年以下工作经验。
		2	1~2年工作经验。
		3	2~4年工作经验。
		4	4年以上工作经验。
	工作灵活性	1	属常规工作，不必灵活处理。
		2	大部分属常规工作，偶尔会需灵活处理。
		3	大部分属常规工作，经常会需灵活处理少部分工作。
		4	大部分属非常规工作，经常会需灵活处理小部分工作。
	沟通技能	1	只需简单的方式信息交流。
		2	需掌握一定沟通技巧，具逻辑与语言表达能力。
		3	具较强沟通技巧，有影响他人，说服他人能力。
		4	具很强沟通技巧，很好的协调、谈判能力。
	决策影响力	1	几乎不用作出决策，对他人无影响。
		2	作出决策仅影响自己工作，对他人影响较小。
		3	作出决策影响部门工作或导致效率、服务质量下降等。
		4	作出决策对公司有重大影响。

续表

要素指标	子因素	因素等级	分级标准
劳动责任	外部协调责任	1	基本不和外部发生工作关系。
		2	需固定与外部少数人发生工作联系。
		3	需与外部多部门多方工作人员联系。
		4	需与外部各负责人保持密切联系。
	内部协调责任	1	只与本部门人员交流和工作联系。
		2	同公司其他部门有一定交流和工作联系,频率不高。
		3	经常与其他部门沟通联系,频率高,协调不力对部门有一定影响。
		4	与各部门负责人有密切的工作联系,协调不力对公司有重大影响。
	安全责任	1	责任小,对本部门安全影响不大。
		2	责任一般,对本部门安全有一定影响。
		3	责任较大,对本部门安全有较大影响。
		4	责任重大,对本部门安全有重大影响。
	管理责任	1	只接受管理,不管理他人。
		2	责任较小,直接管理3~5人。
		3	责任较大,直接管理5~15人。
		4	责任重大,直接管理15人以上。
劳动强度	工作负荷	1	工作量适中,日均纯劳动时间在7小时内。
		2	工作量较大,日均纯劳动时间在7~8小时。
		3	工作量很大,日均纯劳动时间在8~10小时。
		4	工作量繁重,日均纯劳动时间在10小时以上。
	劳动疲劳度	1	工作内容简单,压力小。
		2	任务灵活,有一定压力。
		3	任务灵活、多样性,时限性较强,压力大。
		4	需创新,精神非常紧张。

续表

要素指标	子因素	因素等级	分级标准
劳动条件	工作时间	1	正常上下班时间。
		2	上下班时间依具体情况定,有一定规律,自己可控。
		3	上下班时间依具体情况定,有一定规律,自己不可控。
		4	上下班时间无规律,自己无法控制。
	工作环境	1	室内环境,无危险。
		2	室外工作,无危险。
		3	有一定程度危险。
		4	劳动危险程度大

小贴士 Human Resources

岗位指标子因素的分级标准,本文中统一分为四个等级,实际操作中,可以根据具体的情况将各子因素分为 4-8 个等级为宜,主要考虑的依据是各子因素范围的宽窄程度,如对子因素学历的分级可分为:初中、高中(中专)、大专、本科、硕士、博士六个级别也可。

三、确定要素指标的权重

在选择并定义了岗位评价要素之后,就需要对这些分配合适的权重,对每个子因素给予因素等级赋值(配点数),从而形成一份的岗位评价标准表,便可对各岗位进行评价打分。

1. 确定指标要素的权重

要素指标的权重即各个指标的相对重要程度,对各不同行业、不同公司和不同岗位来说,各个要素之间的相对重要程度是不一样的,所以我们在做岗位评价,为各个评价要素确定权重的时候,要从公司的自身情况出发,仔细分析公司的业务性质,岗位工作内容,以及各个评价要素的含义,然后赋予每个要素的权重。

（1）对权重最高的要素指标赋值100%，然后根据相对此要素重要性的百分比，确定各要素的相对赋值，如下表。

表 8-5 管理岗位赋值表

知识技能	劳动技能	劳动责任	劳动强度	劳动环境
40%	80%	100%	40%	20%

表 8-6 技术岗位赋值表

知识技能	劳动技能	劳动责任	劳动强度	劳动环境
60%	100%	80%	40%	20%

表 8-7 生产岗位赋值表

知识技能	劳动技能	劳动责任	劳动强度	劳动环境
20%	40%	60%	100%	50%

表 8-8 服务岗位赋值表

知识技能	劳动技能	劳动责任	劳动强度	劳动环境
40%	100%	60%	20%	20%

> **小贴士 Human Resources** 对要素指标的赋值没有一套标准的答案，各公司应根据企业的发展阶段按各要素的要求来权衡，因此带有很强的客观性，这就要求在赋值时多方征求意见，尽可能达成一个较合理的方案。

（2）将各要素的赋值加总计算出每个要素的权重

管理岗位赋值加总为：40%+80%+100%+40%+20% = 280%

技术岗位赋值加总为：60%+100%+80%+40%+20% = 300%

生产岗位赋值加总为：20%+40%+60%+100%+50% ＝ 270%

服务岗位赋值加总为：40%+100%+60%+20%+20% ＝ 240%

根据以上数据汇总计算各要素所占比例（权重）即

① 管理岗位要素权重

知识技能：$40 \div 280 \times 100\% = 14.3\%$

劳动技能：$80 \div 280 \times 100\% = 28.6\%$

劳动责任：$100 \div 280 \times 100\% = 35.7\%$

劳动强度：$40 \div 280 \times 100\% = 14.3\%$

劳动环境：$20 \div 280 \times 100\% = 7.1\%$

合计：100%

② 技术岗位要素权重

知识技能：$60 \div 300 \times 100\% = 20\%$

劳动技能：$100 \div 300 \times 100\% = 33.3\%$

劳动责任：$80 \div 300 \times 100\% = 26.7\%$

劳动强度：$40 \div 300 \times 100\% = 13.3\%$

劳动环境：$20 \div 300 \times 100\% = 7.7\%$

合计：100%

③ 生产岗位要素权重

知识技能：$20 \div 270 \times 100\% = 7.5\%$

劳动技能：$40 \div 270 \times 100\% = 14.8\%$

劳动责任：$60 \div 270 \times 100\% = 22.2\%$

劳动强度：$100 \div 270 \times 100\% = 37\%$

劳动环境：$50 \div 270 \times 100\% = 18.5\%$

合计：100%

④ 服务岗位要素权重

知识技能：$40 \div 240 \times 100\% = 16.7\%$

劳动技能：$100 \div 240 \times 100\% = 41.7\%$

劳动责任：$60 \div 240 \times 100\% = 25\%$

劳动强度：$20 \div 240 \times 100\% = 8.3\%$

劳动环境：20÷240×100% = 8.3%

合计：100%

（3）根据以上方法，再对各子因素进行权重的确定，如管理岗位子因素权重确定。

表 8-9　管理岗位子因素赋值表（知识技能）

学历要求	工作经验	专业知识	知识广度	公文处理
40%	60%	100%	80%	20%

则子因素（知识技能），加总为 300%，各子因素占比例（权重）为：

学历要求：40÷300×100%×14.3% = 2%

工作经验：60÷300×100%×14.3% = 2.9%

专业知识：100÷300×100%×14.3% = 4.8%

知识广度：80÷300×100%×14.3% = 3.8%

公文处理：20÷300×100%×14.3% = 0.9%

合计：14.4%

表 8-10　管理岗位子因素赋值表（劳动技能）

学习能力	分析能力	决策能力	领导能力	沟通能力	创新能力	处理突发事件能力
40%	80%	100%	40%	60%	40%	40%

则子因素（劳动技能）的加总为 400，各子因素占比（权重）为：

学习能力：40÷400×100%×28.6% = 2.86%

分析能力：80÷400×100%×28.6% = 5.72%

决策力：100÷400×100%×28.6% = 7.15%

领导力：40÷400×100%×28.6% = 2.86%

沟通能力：60÷400×100%×28.6% = 4.29%

创新能力：40÷400×100%×28.6% = 2.86%

处理突发事件能力：40÷400×100%×28.6% = 2.86%

合计：28.6%

表 8-11　管理岗位子因素赋值表（劳动责任）

经济效益责任	风险控制责任	安全管理责任	协调责任	决策责任	管理幅度	法律责任
80%	60%	40%	50%	100%	20%	20%

则子因素（劳动责任）加总为370%，各子因素所占比例（权重）为：

经济效益责任：80÷370×100%×35.7% = 7.72%

风险控制责任：60÷370×100%×35.7% = 5.79%

安全管理责任：40÷370×100%×35.7% = 3.86%

协调责任：50÷370×100%×35.7% = 4.82%

决策责任：100÷370×100%×35.7% = 9.65%

管理幅度：20÷370×100%×35.7% = 1.93%

法律责任：20÷370×100%×35.7% = 1.93%

合计：35.7%

表 8-12　管理岗位子因素赋值表（劳动强度）

工作压力	工作紧张度	工作复杂度	工作负荷量
100%	40%	80%	60%

则子因素（劳动强度）的汇总值为280%，各子因素所占比例（权重）为：

工作压力：100÷280×100%×14.3% = 5.11%

工作紧张度：40÷280×100%×14.3% = 2.04%

工作复杂度：80÷280×100%×14.3% = 4.09%

工作负荷量：60÷280×100%×14.3% = 3.06%

合计：14.3%

表 8-13　管理岗位子因素赋值表（劳动环境）

工作时间	噪声	职业病
100%	10%	40%

则子因素（劳动环境）的汇总值为 150%，各子因素所占比例（权重）为：

工作时间：$100 \div 150 \times 7.1\% = 4.73\%$

噪声：$10 \div 150 \times 7.1\% = 0.47\%$

职业病：$40 \div 150 \times 7.1\% = 1.89\%$

合计：7.1%

（4）技术岗位子因素权重确定

表 8-14　技术岗位子因素赋值表（知识技能）

学历要求	专业知识	业务与技术知识	职业资格等级	专业技术
40%	80%	60%	50%	100%

则子因素（知识技能）加总值为 330%，各子因素所占比例（权重）为：

学历要求：$40 \div 330 \times 100\% \times 20\% = 2.42\%$

专业知识：$80 \div 330 \times 100\% \times 20\% = 4.85\%$

业务与技术知识：$60 \div 330 \times 100\% \times 20\% = 3.64\%$

职业资格等级：$50 \div 330 \times 100\% \times 20\% = 3.00\%$

专业技术：$100 \div 330 \times 100\% \times 20\% = 6.1\%$

合计：20%

表 8-15　技术岗位子因素赋值表（劳动技能）

工作经验	操作能力	组织策划能力	创新能力
40%	100%	80%	40%

则子因素（劳动技能）加总值为 260%，各子因素所占比例（权重）为：

工作经验：$40 \div 260 \times 100\% \times 33.3\% = 5.12\%$

操作能力：$100 \div 260 \times 100\% \times 33.3\% = 12.81\%$

组织策划能力：$80 \div 260 \times 100\% \times 33.3\% = 10.25\%$

创新能力：$40 \div 260 \times 100\% \times 33.3\% = 5.12\%$

合计：33.3%

表8-16　技术岗位子因素赋值表（劳动责任）

质量责任	技术责任	安全管理责任	管理幅度
80%	100%	60%	20%

则子因素（劳动责任）加总值为260%，各因素所占比例（权重）为：

质量责任：$80 \div 260 \times 100\% \times 26.7\% = 8.22\%$

技术责任：$100 \div 260 \times 100\% \times 26.7\% = 10.27\%$

安全管理责任：$30 \div 260 \times 100\% \times 26.7\% = 6.16\%$

管理幅度：$20 \div 260 \times 100\% \times 26.7\% = 2.05\%$

合计：26.7%

表8-17　技术岗位子因素赋值表（劳动强度）

工作复杂度	工作负荷量
100%	50%

则子因素（劳动强度）加总值为150%，各因素所占比例（权重）为：

工作复杂度：$100 \div 150 \times 100\% \times 13.3\% = 8.87\%$

工作负荷量：$50 \div 150 \times 100\% \times 13.3\% = 4.43\%$

合计：13.3%

表8-18　技术岗位子因素赋值表（劳动环境）

工作时间	工作场所	工作隐患
60%	100%	20%

则子因素（劳动环境）加总值为180%，各因素所占比例（权重）为：

工作时间：60÷180×100%×7.7% = 2.56%

工作场所：100÷180×100%×7.7% = 4.28%

工作隐患：20÷180×100%×7.7% = 0.86%

合计：7.7%

（5）生产岗位子因素权重确定

表 8-19　生产岗位子因素赋值表（知识技能）

学历要求	专业知识
50%	100%

则子因素（知识技能）加总值为150%，各因素所占比例（权重）为：

学历要求：50÷150×100%×7.5% = 2.5%

专业知识：100÷150×100%×7.5% = 5%

合计：7.5%

表 8-20　生产岗位子因素赋值表（劳动技能）

技能素质	工作经验
60%	100%

则子因素（劳动技能）加总值为160%，各因素所占比例（权重）为：

技能素质：60÷160×100%×14.8% = 5.56%

工作经验：100÷160×100%×14.8% = 9.24%

合计：14.8%

表 8-21　生产岗位子因素赋值表（劳动责任）

产量责任	质量责任	成本责任	安全生产责任	管理责任
100%	100%	40%	20%	20%

则子因素（劳动责任）加总值为280%，各因素所占比例（权重）为：

产量责任：$100 \div 280 \times 100\% \times 22.2\% = 7.93\%$

质量责任：$100 \div 280 \times 100\% \times 22.2\% = 7.93\%$

成本责任：$40 \div 280 \times 100\% \times 22.2\% = 3.16\%$

安全生产责任：$20 \div 280 \times 100\% \times 22.2\% = 1.59\%$

管理责任：$20 \div 280 \times 100\% \times 22.2\% = 1.59\%$

合计：22.2%

表8-22　生产岗位子因素赋值表（劳动强度）

工作负荷量	精神疲劳度
60%	100%

则子因素（劳动强度）加总值为160%，各因素所占比例（权重）为：

工作负荷量：$60 \div 160 \times 100\% \times 37\% = 14\%$

精神疲劳度：$100 \div 160 \times 100\% \times 37\% = 23\%$

合计：37%

表8-23　生产岗位子因素赋值表（劳动环境）

工作时间	工作环境
50%	100%

则子因素（劳动环境）加总值为150%，各因素所占比例（权重）为：

工作时间：$50 \div 150 \times 100\% \times 18.5\% = 6.2\%$

工作环境：$100 \div 150 \times 100\% \times 18.5\% = 12.3\%$

合计：18.5%

（6）服务岗位子因素权重的确定

表8-24　服务岗位子因素赋值表（知识技能）

文化素质	专业知识
100%	60%

则子因素（知识技能）加总值为160%，各因素所占比例（权重）为：

文化素质：100÷160×100%×16.7% = 10.44%

专业知识：60÷160×100%×16.7% = 6.26%

合计：16.7%

表 8-25　服务岗位子因素赋值表（劳动技能）

工作经验	工作灵活性	沟通技巧	决策影响
40%	60%	100%	80%

则子因素（劳动技能）加总值为280%，各因素所占比例（权重）为：

工作经验：40÷280×100%×41.7% = 5.96%

工作灵活性：60÷280×100%×41.7% = 8.94%

沟通技巧：100÷280×100%×41.7% = 14.89%

决策影响：80÷280×100%×41.7% = 11.91%

合计：41.7%

表 8-26　服务岗位子因素赋值表（劳动责任）

外部协调责任	内部协调责任	安全责任	管理责任
50%	100%	20%	30%

则子因素（劳动责任）加总值为200%，各因素所占比例（权重）为：

外部协调责任：50÷200×100%×25% = 6.25%

内部协调责任：100÷200×100%×25% = 12.5%

安全责任：20÷200×100%×25% = 2.5%

管理责任：30÷200×100%×25% = 3.75%

合计：25%

表 8-27　服务岗位子因素赋值表（劳动强度）

工作负荷量	劳动疲劳度
60%	100%

则子因素（劳动强度）加总值为160%，各因素所占比例（权重）为：

工作负荷量：$60 \div 160 \times 100\% \times 8.3\% = 3.1\%$

劳动疲劳度：$100 \div 160 \times 100\% \times 8.3\% = 5.2\%$

合计：8.3%

表8-28 服务岗位子因素赋值表（劳动环境）

工作时间	工作环境
100%	40%

则子因素（知识技能）加总值为140%，各因素所占比例（权重）为：

工作时间：$100 \div 140 \times 100\% \times 8.3\% = 5.9\%$

工作环境：$40 \div 140 \times 100\% \times 8.3\% = 2.4\%$

合计：8.3%

2. 确定指标要素及各要素等级的点值

根据要素权重的确定方法，与岗位评价计划的总点数来确定各要素及各要素等级的点数（值）。

（1）根据企业的性质、规范，岗位数量等进行分析、规划岗位评价的总点数。国外的有些企业采用的有500点、600点等，我国有的采用1000点、2000点的都有，总之不是有统一的规定。

如若确定1100点为公司的总点数，则各要素的点数值为：

① 管理岗位要素点数值为：

知识技能：$14.3\% \times 1100 = 157$

劳动技能：$28.6\% \times 1100 = 315$

劳动责任：$35.7\% \times 1100 = 393$

劳动强度：$14.7\% \times 1100 = 162$

劳动环境：$7.1\% \times 1100 = 78$

② 技术岗位要素点数值为：

知识技能：$20\% \times 1100 = 220$

劳动技能：33.3% × 1100 = 366

劳动责任：26.7% × 1100 = 294

劳动强度：13.3% × 1100 = 146

劳动环境：7.7% × 1100 = 85

③ 生产岗位要素点数值为：

知识技能：7.5% × 1100 = 82

劳动技能：14.8% × 1100 = 163

劳动责任：22.2% × 1100 = 244

劳动强度：37% × 1100 = 407

劳动环境：18.5% × 1100 = 204

④ 服务岗位要素点数值为：

知识技能：16.7% × 1100 = 184

劳动技能：41.7% × 1100 = 459

劳动责任：25% × 1100 = 275

劳动强度：8.3% × 1100 = 91

劳动环境：8.3% × 1100 = 91

（2）将各要素点值按照等差形式确定要素各等级的点数。

① 管理岗位要素等级点数，见表8-29。

表8-29　管理岗位要素等级点数表

要素	点数	子要素	1	2	3	4
知识技能	156	学历要求	5	10	15	20
		工作经验	8	16	24	32
		专业知识	13	26	39	52
		知识广度	10	20	30	40
		公文处理	3	6	9	12
劳动技能	316	学习能力	8	16	24	32
		分析能力	15	30	45	60

续表

要素指标		点数 等级 子要素	1	2	3	4
要素	点数					
		决策能力	20	40	60	80
		领导能力	8	16	24	32
		沟通能力	12	24	36	48
		创新能力	8	16	24	32
		处理突发事件能力	8	16	24	32
劳动责任	392	经济效益责任	22	44	66	88
		风险控制责任	16	32	48	64
		安全生产责任	10	20	30	40
		协调责任	14	28	42	56
		决策责任	26	52	78	104
		管理幅度	5	10	15	20
		法律责任	5	10	15	20
劳动强度	156	工作压力	14	28	42	56
		工作紧张度	5	10	15	20
		工作复杂度	11	22	33	44
		工作负荷量	9	18	27	36
劳动环境	78	工作时间	13	26	39	52
		噪声	1	2	3	4
		职业病	6	12	18	24

② 技术岗位要素等级点数，见表8-30。

表8-30 技术岗位要素等级点数表

要素指标		点数 等级 子要素	1	2	3	4
要素	点数					
知识技能	220	学历要求	7	14	21	28
		专业知识	13	26	39	52

续表

要素指标		点数\等级 子要素	1	2	3	4
要素	点数					
劳动技能	364	业务与技术知识	10	20	30	40
		职业资格等级	8	16	24	32
		专业技术	17	34	51	68
		工作经验	14	28	42	56
		操作能力	35	70	105	140
		组织策划能力	28	56	84	112
		创新能力	14	28	42	56
劳动责任	293	质量责任	22	44	66	88
		技术责任	29	58	87	116
		安全管理责任	17	34	51	69
		管理幅度	5	10	15	20
劳动强度	135	工作复杂度	23	46	69	92
		工作负荷量	11	22	33	44
劳动环境	88	工作时间	7	14	21	28
		工作场所	12	24	36	48
		安全隐患	3	6	9	12

③ 生产岗位要素等级点数，见表8-31。

表8-31　生产岗位要素等级点数表

要素指标		点数\等级 子要素	1	2	3	4
要素	点数					
知识技能	82	学历要求	7	14	21	28
		专业知识	13.5	27	40.5	54
劳动技能	164	技术素质	15	30	45	60
		工作经验	26	52	78	104

续表

要素指标		点数 等级	1	2	3	4
要素	点数	子要素				
劳动责任	244	产量责任	22	44	66	88
		质量责任	22	44	66	88
		成本责任	9	18	27	36
		安全生产责任	4	8	12	16
		管理责任	4	8	12	16
劳动强度	407	工作负荷量	38	76	114	152
		精神疲劳度	64	128	192	256
劳动环境	204	工作时间	19	38	57	76
		工作环境	32	64	96	128

④ 服务岗位要素等级点数，见表 8-32。

表 8-32　服务岗位要素等级点数表

要素指标		点数 等级	1	2	3	4
要素	点数	子要素				
知识技能	184	学历要求	29	58	87	16
		专业知识	17	34	51	68
劳动技能	460	工作经验	16	32	48	64
		工作灵活度	25	50	75	100
		沟通技巧	41	82	123	164
		决策影响	33	66	99	132
劳动责任	276	外部协调责任	17	34	51	68
		内部协调责任	35	70	105	140
		安全责任	7	14	21	28
		管理责任	10	20	30	40

续表

要素指标		点数　　　等级	1	2	3	4
要素	点数	子要素				
劳动强度	92	工作负荷量	8	16	24	32
		劳动疲劳度	15	30	45	60
劳动环境	88	工作时间	16	32	48	64
		工作环境	6	12	18	24

> **小贴士** 岗位评价配点的总点数没有统一的规定，本书采用的是目前国内较普遍的1000—2000点的配点方法。总点数的多少要根据企业的性质，管理的范围大小、技术的难易程度等因素去考量。例如，一个公司技术难度从基本的仿制到自主的研发甚至必须拥有自己专利，就需采用高配点的方式。

三、岗位评价的实施

在确定了要素的权重、分级的定义之后，就需要整理出一份岗位清单（对性质相同的岗位还应进行岗位名称规范，使公司的岗位名称不得产生意思混淆，如有必要还应对公司工艺、技术、产业的变化涉及的岗位进行增加、合并、拆分和删除，并尽量按国家或行业规定进行更名规范）。经过对评价人员进行培训，使评价人员熟悉评价程序，掌握评价标准，统一评价尺度后开始实施岗位评价。

1. 编制岗位清单

经过岗位调查后，按照管理类、技术类、生产类、服务类整理一份待评价的清单，以便实施岗位评价，见表8-33。

表 8-33 评价岗位清单

管理类	技术类	生产类	服务类
总经理	总工程师	行车工	客服
副总经理	研发工程师	叉车工	接线员
研发部总监	电子工程师	维修工	前台服务员
HR 总监	结构工程师	喷粉工	售后服务员
工程总监	模具工程师	组装工	销售助理
……	……	……	……
生产计划部长	电子技术员	品检员	清洁员

2. 对评价人员进行培训

评价人员对评价表各项要素、指标、分级标准的不同理解，会直接影响评价的进度和质量，因此，必须与各评价人员就具体的评分标准等进行充分讨论，取得共识。

（1）确定"游戏规则"

岗位评价中，评价人员因对评价指标的理解是不一样的（事实上因各评价人员的素质与专业不同，很难统一），因此存在评分的误差是必然的。这就须事先确定一个明确的方差值作为标准，评价结果的方差值低于这个标准即认为通过，如高于方差值，但平均分合理，则不予讨论，否则需予以讨论重新打分。

（2）组织阅读"职务说明书"与评分标准

职务说明书是评价人员了解岗位的工作内容、职责，岗位在组织中的关系地位，及胜任岗位条件的基础，是进行评价打分的重要依据。而评分标准是进行打分的重要工具，因此必须组织评价人员熟悉各岗位的职务说明书与评分标准，确保评价人员了解每一个岗位的职责，保证打分准确性。

（3）强调评价的纪律

岗位评价的结果是关系到岗位的薪酬水平的确定与调整，对企业影响很大，必须保证评价过程的顺利有效进行。

① 评价打分的独立性：因每个人对岗位评价要素和岗位的认识和理解不一样的，差异性客观存在。如果在评价打分过程中与其他评价人讨论的话，势必影响自身的判断。

② 评价过程的严肃性：在岗位评价过程中，应强调会场纪律，包括通信工具等不得带入现场，以免分散或影响自己与他人的思考、分析、判断的精力与思路，给评价结果带来失效。

③ 评价结果的保密性：岗位评价的结果对企业有重要影响，整个过程都必须强调保密性的原则。无论在评价前、评价中、评价后都不可将评价信息与他人谈论或透露，以免在正式的评价结果出来之前搞得满城风雨，造成内部不好的影响。

小贴士 Human Resources 对岗位评价人员的培训是保证评价结果客观性的关键。一个对评价要素、评价标准、评分标准等深刻理解的评价人员一定比不甚了解评价要求的评价人员的评价结果要公正、客观得多。

3. 对岗位进行打分

对岗位打分是整个岗位评价过程中工作量最大的一项工作。对于打分工作的计划和安排、项目负责人、主持人要做好周密的部署，以保证整个项目的顺利进行。

（1）公司进行初次岗位评价或者刚进行评价的时候，主持人应控制好项目进度，不宜进行得太快。先让评价人员逐步进入角色，一个岗位一个岗位地进行评定。待进行几个过程比较熟悉之后，再适当加快进程，一次评定5–10个岗位，保证评定的质量。

（2）采取编号的方式进行。即由项目负责人给定每一个评价人员一个编号，这样在评分结果的讨论阶段，就不会让人知道是谁打的分，能充分保证评价人员表达自己的观点。

（3）分发"岗位评价表"进行打分，见表8-2-34（部分）。

表 8-34 岗位评价表（部分）

评价员编号						评价岗位			
指标要素	子因素	级别				评分	备注
		1	2	3	4		
知识技能	学历要求						
	工作经验						
	专业知识						
	知识广度						
	公文处理						
劳动技能	学习能力						
	分析能力						
	决策能力						
	领导能力						
	沟通能力						
	创新能力						
	处理突发事件能力						
劳动责任	经济效益责任						
	风险控制责任						
	安全管理责任						
	协调责任						
	决策责任						
	管理幅度						
	法律责任						
劳动强度	工作压力						
	工作紧张度						
	工作复杂度						
	工作负荷量						

续表

评价员编号						评价岗位		
指标要素	子因素	级别				评分	备注
		1	2	3	4		
劳动环境	工作时间						
	噪声						
	职业病危害						

（4）注意的问题

① 首先主持人不得进行引导性陈述。

② 其次注意评价人员可能存在的问题：不能清楚比较各岗位的不同，对各岗位评定普遍高于或低于其他评价人员；对某一评价因素，比较重视或不重视，因而会过高或过低评价某些岗位；由于利益驱使对自己有联系的部门打分明显高于其他评价人员；把对岗位评价变成对个人评定。

③ 最后，主持人不可参与打分。

4. 整理录入数据

在对岗位打分完成后，应立即组织人员对评价结果录入计算机，以便下一步分析与确定评价结果。

> **小贴士** 对于岗位评价人员打分的"岗位评价表"的分数统计是一项烦琐的工作，先经过统计、录入，再安排专人进行复核，以确保统计数据的准确性。

四、岗位评价结果有效性判断与纠偏

岗位评价的结果是否达到期望目标的程度，也就是结果的真实程度如何，就需要采取一定的方式来判断评价得到的数据是否符合要求。

用标准差来反映一组数据相对于平均值的离散程度，一般来说，为保证数据的有效性，标准差小于等于 10 为宜。标准差较大，说明评价人员对某个岗位在某一项指标上的认识存在较大偏差，就需要重新对这项指标进行讲解或培训，并重新打分。尤其对明显有严重分歧的地方，一定在评分结果出来后组织充分讨论和沟通。

在实际操作中，为保证评价结果一致性，会对同一岗位的一个因素进行二轮的打分。如果仍然不符合要求，一般采用以下方式：

- 继续讨论，重新打分，直至分数符合要求。
- 事前约定二轮，如二轮结束则采用举手表决。
- 用分数排序来判断某一岗位的得分是否合理。即将所有的评分结果，按从高到低的顺序排列，发现明显不合理的得分岗位，并对该岗位进行重新打分。

五、形成"岗位评价排序表"

岗位评价的结果经过纠偏后，将所有的岗位根据分值的大小进行排序，形成"岗位评价排序表"。在相关范围内公布征集意见，由岗位评价委员会汇总形成报告，报企业高层讨论、审核，并最终审定评价结果。

H 小贴士 uman Resources 对于标准差很明显岗位，一般都没有太大的纠偏难度，往往对于离散度接近的岗位个别评价人员会纠结的太多，这时主持人应秉持规则与标准，立即终止争议，不必过多浪费时间和精力。

第9章
岗位分析与岗位评价的结果运用

岗位分析后如何修正组织定编定员

如何建立培训需求分析模型图

如何确定绩效考核的标准

如何解决薪酬的外部公平性

如何设计宽带式的薪资结构

如何对公司现有的薪资状况进行回归分析

提升员工满意度应从哪几个方面入手

绩效管理的模式取决于职位的哪些特性

如何运用职务说明书指导人才的选拔工作

岗位分析与岗位评价是人力资源管理的一项基础性的工作。通过岗位分析我们得到了岗位中的职位描述信息，任职资格信息，也厘清了岗位的工作职责、任务、权限、工作关系、工作标准，进而通过岗位评价确立了每个岗位的相对价值。这些都为后续的各项管理工作奠定了坚实的基础，因此岗位分析与岗位评价结果的应用，才是我们开展岗位分析和岗位评价的目的，它应用于组织的定编定员、人员的招聘、员工的培训与开发、绩效考核、薪酬制定、劳动关系管理等人力资源管理各个环节。

> **小贴士 Human Resources**
>
> 岗位分析与岗位评价完成之后，很多企业认为万事大吉了，让职务说明书与岗位评价结果躺在文件柜里睡大觉。殊不知完成岗位分析与岗位评价只是开始，真正的作用是要利用结果，帮助企业更好地进行人力资源管理工作，否则所花费的人力、物力等都是白费了，失去了真正的意义。

01 岗位分析与定编定员

一、我们到底需要多少人

【实例解析】

A集团为了弥补公司的产品结构缺陷，在2014年7月收购了在东莞的一家外资企业，以填补公司在光源领域依赖其他外国进口的空白。整个谈判与收购过程还算顺利，但收购后公司高层也有一些担忧：一是涉及被收购公司的一些职能需要转移到集团其他公司与部门，以及之后该公司的组织机构的调整问题。二是原公司的人员与组织结构的合理问题。三是原公司职位的等级与集团公司职位等级的对接问题等。如果处理不好，则会造成机构重叠、职能不清、工作关系混乱，还会造成人浮于事，影响工作效率。因此，公司要求人力资源部尽快地对业务重组后的组织结构、定编定员进行一次全局性的组织机构调整，人员预算，确定原公司到底需要多少人，才能适应集团发展的需要。

定岗定编是确定岗位和确定岗位的名称，前者是设计，组织中承担具体工作的岗位，后者是设计从事某个岗位的人数。实际工作中，这二者是密不可分的。当一个岗位确定之后，就会自动有担任岗位工作的人的数量和质量的概念产生。企业通过定编定员，才能做到各个部门事事有人做，人人有事做，岗位不重复，工作无遗漏。

但是，岗位和人员又是两个不同的概念，一个岗位不一定只由一个人来担任，它可能由几个或多个人共同从事。例如，工程部修模员，在模具维修工作量小的企业，可能一个人足以担任；如果是一个大的模具加工部门，因工作量的增加，修模员岗位可能就需要2个甚至7-8个人等，如有的企业就把修模员岗位分为五金模具修模员，塑胶模具修模员等，五金模具修理又分为单冲模修模员、连续模修模员等。但是，只要是岗位相同，其工作职责也是相同的。

> **小贴士 Human Resources**
>
> 对于收购公司的组织的定编定岗，首先要把被收购公司的职能纳入整个集团公司的职能范畴进行梳理、整合。对与原集团公司职能重复的进行归并，删除那些应由集团管理的职能，然后重新设计被收购公司的业务流程。在此基础上进行定编定员就不会盲无目的，就会科学合理得多。

二、岗位分析的结果对定编定员的意义

通过岗位分析，可以建立起排列有序的职位体系，使每个具体职位都能在该体系中找到相应的位置，从而确定企业的职业数量和任职者人数及构成，

为定编定员提供科学合理的依据。

通过岗位分析可以准确提示岗位的性质、特征、责任大小、技术难易、任职者所需资格等职务特点和任职条件，为劳动力管理提供标准。

因此，定编定员是岗位分析工作的延续，是岗位分析的应用之一。

1. 岗位分类

在现实的管理中，岗位数量可能比较多，具体的岗位随着企业经营活动的变化，发生变化的可能性也较大，新的岗位不断产生，现有的岗位有的会发生变化，有的可能会不断消失。因此在定编时也没必要对所有具体岗位上的人员配备进行确定，如上例的修模员岗位可以根据往年的工作量来衡量一个人数的合理区间，来动态管理岗位人员。所以，我们一般通过岗位分析后对岗位进行分类，见表9-1。

表 9-1　岗位分类表

类　别	描　述
管理类	从事人、财、物、信息、技术、营销、战略等管理岗位。
技术类	从事工程、研发、信息、数据、质量等技术岗位。
操作类	从事制造、建设等作业岗位。
服务类	从事辅助、支持、后勤、保障等岗位。

> **小贴士 Human Resources**
>
> 岗位的分类就是把企业内的岗位按工作性质划分为几个类别，即岗位序列。这种分类也没有固定的模式，HR们应根据企业与单位性质来合理划分。如某贸易公司A分营销序列、后勤保障序列、物流序列、经营管理序列。而同样是贸易公司B却分为销售序列、采购序列、品质保证序列、管理序列、服务与保障序列。

2. 定编定员的依据

（1）基本依据：即企业的发展战略。企业在特定的时期内要达成什么样的战略目标，是企业一切工作的中心。合理的"人、岗、事"三者之间的匹配，可以使企业中心工作保以顺利完成，组织目标得以实现。所以最重要的是要先弄清楚企业现时要做的哪些"事"，有了工作目标，再确定需要什么样的岗位和什么样的人来做。

（2）具体依据：战略目标确定了，具体到定编定员还需要先理顺工作流程。这是因为"人、岗、事"的匹配，其中"事"是基础。同样的"事"，不同的工作流程带来的岗位设置也不同。优化的流程可以带来有效的岗位设置，陈腐的流程很容易造成岗位工作效率低下，因此"流程优化"是定编定员的前提。

（3）执行依据：一般企业的岗位数量较多，对于业务流程较复杂的大企业来说更是如此，如何对数量众多的岗位定编定员？这就要把关乎企业生存与发展的核心岗位搞清楚。

> **Human Resources 小贴士** 对核心岗位的管理是人力资源管理的核心工作。核心岗位是指对企业在经营、管理、技术、生产等方面竞争力影响较大，与企业战略目标和实现密切相关的一系列重要岗位之和。这些岗位在一定时期内很难通过企业内部置换和市场外部供给所替代。因此每个 HR 都应高度重视，评价出本企业的核心岗位。

3. 定编定员的原则

（1）科学合理：就是要符合人力资源管理的一般规律，从企业实际出发，结合企业技术水平、管理水平、员工素质、劳动生产率等因素为出发的，做到即"简"又"有效"，在保证工作需要的前提下，与同行业或同类型企业的标准相比较，用较精干的组织，较少的人员达到输出大于输入的增值效应。

（2）各类人员比例关系要协调：即要正确处理直接生产经营人员与非直接生产经营人员的比例关系，如我们企业每50人配备一个厨工；正确处理直接生产经营人员与非直接生产经营人员内部各岗位之间的比例关系，如每一条生产组装线（30人）配备一名品检员；还要正确处理管理人员与全部员工的比例关系。这里需要注意的是此比例没有固定的标准，它受到企业的业务性质，专业程度自动化程度，员工素质，企业文化以及其他因素的影响。

（3）走专业化路线：定编定员是一项专业性、技术性强的工作，它涉及业务、经营、技术、管理等很多方面，因此从事该项工作的人应具备较高的理论水平和丰富的业务经验。

三、如何进行定编定员

1. 岗位设置的常见形式

（1）基于任务的岗位设置：即将明确的任务目标按照工作流程的特点层层分解，并用一定的形式的岗位进行落实。

它的优点是岗位工作目标和职责明了，任职者经过简单培训即可上岗工作，也便于管理者实施管理、效率明显。

它的缺点是只考虑任务，忽略任职者的个人特点，工作枯燥感强烈，时间一长员工积极性受挫，因此一段时期后必须进行工作再设计。

此外，由于任务目标可以量化，也可以用人均劳动生产率等指标具体的计算出来。

（2）基于能力的岗位设置：即将明确的工作目标按照工作流程的特点层层分解到岗位。它与基于任务的岗位设置区别在于岗位的任务种类是复合型的，职责比较宽泛，对员工的工作能力要求更全面一些。

- 它的优点是工作目标与职责边界比较模糊，使员工不会拘泥于某个岗位设定的职责范围内，从而充分发挥个人特长。由于员工个人的表现不像基于任务那样的岗位设置简单明了，所以就必须赋予直接管理者更大的责任。
- 它的缺点是因为员工工作的灵活性带来的工作成果的不确定性上升；对员工的素质要求较高，劳动力成本和培训费用会相应增加。

所以这种形式一般在第三产业中金融、保险、咨询服务、商超等行业应用，一般不规定具体编制数，只是用于人力成本预算来控制。

（3）基于团队的岗位设置：它是以为客户提供总体附加值（总体解决方案）为中心，把企业内部相关的各个岗位组合起来，形成团队进行工作，是一种更加市场化、客户化的设置形式。它的最大特点就是能迅速回应客户、满足客户要求，同时又能克服企业内部各自为政的弊病，还能使员工利用团队力量达成任务目标，培养员工的凝聚力。它的缺点是对企业内部管理与协调能力要求较高，否则容易引起混乱。一般应用于软件设计、系统集成、咨询服务，中介、项目管理、工程施工等方面。

2. 如何定员：即确定岗位工作的人员数量

（1）按劳动效率定员：即根据生产任务和员工的劳动效率及出勤率等因素来计算定员人数。实际上就是根据工作量和劳动定额来计算员工数量的方法。

$$定员人数 = \frac{计划期生产任务总量}{工人劳动效率 \times 出勤率}$$

例：某企业装配车间每年装配产品4000000件，每个员工产量定额为100件，年均出勤率95%，则该车间的定量人数为：

$$定员人数 = \frac{4000000}{100 \times (365 - 2 \times 52 - 10) \times 95\%} \approx 167（人）$$

劳动定额的基本形式有二种，除以上的产量定员外，还有时间定员方式，即

$$定员人数 = \frac{生产任务 \times 时间定额}{工作时间 \times 出勤率}$$

依上例，若单位产品时间定额为0.08小时，则：

$$定员人数 = \frac{4000000 \times 0.08}{8 \times (365 - 2 \times 52 - 10) \times 95\%} \approx 168（人）$$

（2）按设备定员：根据工作量确认机器设备的数量、设备利用率、开动班次及看管定额、出勤率来确定岗位人数。

$$定员人数 = \frac{设备台数 \times 每台设备开动班次}{看管定额 \times 出勤率}$$

例：某车间有冲床70台，每台开动班次2班，每班2人，每人看管定额为1台，出勤率为95%，则：

$$定员人数 = \frac{70 \times 2}{1 \times 95\%} \approx 147（人）$$

（3）按岗位定员：指根据生产过程所确定的岗位数量、岗位工作量大小、工人劳动效率、出勤率、每台设备开动班次等因素来计算岗位人数，它适用于多人看管的大型设备及流水线作业等。

$$定员人数 = \frac{每个岗位工作量}{劳动生产率 \times 开动班次 \times 出勤率}$$

3. 按行业比例定员

按照企业员工总数或某一类人员的比例来确定岗位人员的数量。在本行业中，由于专业化分工和协作要求，某一类人员与另一类人员之间总是存在一定比例关系，并随后者的变化而变化。它适用于辅助与支持型岗位的定员。

例如：企业食堂的厨工与企业总员工的比例一般为 1:50，厨师与厨工的配置比例一般为 1:3–1:5。

某类人员（M）= 服务对象总人数（T）× 行业定员比例（R）

4. 按业务流程定员

首先，根据岗位工作量，确定各岗位单个员工单位时间工作量（如单位时间产量、单位时间处理业务量等）；其次，根据业务流程节点，确定各岗位人员比例；最后，根据公司总的业务目标，确定单位时间流程中的总工作量，从而确定岗位人员。

例：每 5 个业务员必须配备 1 个业务主管进行指导、监督、协调、考核和管理。

5. 按预算控制定员

即通过人工成本预算来确定岗位人数，而不对某一部门或某一岗位人数做硬性规定，部门主管在获得批准的预算范围内，自行决定岗位的人数。

例：某专卖店对岗位人数管理，就是通过对门店的面积，卖场位置，人流量，营业额等因素进行预估测算，只规定按营业额的 5% 用来支付营业员工资与奖金（当然公司事先有具体的分配方案），人员的多少由店长自行掌握控制，公司原则上不干预人员配置。

> **小贴士 Human Resources**
>
> 一个岗位编制多少个人才能满足岗位的要求。应从岗位的工作量，企业的业务与技术、工艺成熟度、员工素质构成，以及团队文化等多方面综合考虑。对影响因素进行建模规范，才能提高岗位编制合理化程度。

02 | 岗位分析与招聘配置

岗位分析的结果是形成职务说明书，而职务说明书对主要岗位职责、工作内容、任职资格条件的描述是具体招聘工作中必须明确了解的内容。因此在公司业务扩大，人员流失，短缺需招聘新的工作人员制作招聘广告、筛选合格人员时都必须以职务说明书为依据。

岗位分析在人力资源招聘中的作用主要表现在三个方面：招聘信息的确定，招聘信息的发布，应聘人员的筛选。

一、招聘信息的确定

招聘前首先要明确招聘岗位的目的和意义。岗位的职责和权限，工作关系，岗位任职资格条件等问题。

1. 岗位设置的目的和意义

（1）为什么要设置这个岗位？
（2）该岗位工作的结果对组织目标实现有何作用？

2. 岗位的职责与权限

（1）该岗位的职责、工作内容包括哪些？
（2）完成该岗位工作任务需具备哪些工作权限？

3. 岗位的工作关系

（1）该岗位属于何部门，在整个组织中处于何种地位？受监督的岗位是哪个？监督哪些岗位？
（2）该岗位在工作过程上需要与哪些部门（内外部）和人员联系。

4. 岗位的任职资格条件

（1）岗位所必需的身体与心理素质。

（2）岗位所需的知识和技能。

（3）完成该岗位工作应具备哪些能力？

（4）职业道德。

二、招聘信息的发布

确定招聘岗位的相关信息后，就是要发布招聘的信息，让应聘者对招聘的岗位、主要职责、应聘要求明确了解。一般的招聘广告的信息内容应包括以下几点：

（1）企业信息：企业名称、性质、规模、经营范围等。

（2）岗位信息：招聘岗位名称、所属部门人数、性别、年龄、身体条件、所受教育与培训、工作经验、岗位工作内容、职责、任务目标、工作地点等。

（3）其他信息：招聘热线、联系人、招聘截止日期、面试地址、面试注意事项等。

招聘信息的质量直接影响到招聘的效果。

三、应聘人员的筛选

招聘信息发布后，公司会收到大量的候选人的应聘资料。如何从这些应聘者中挑选出合适的任职者，这是招聘人员的首要任务。

1. 如何筛选简历

一份符合岗位要求的简历必须与该岗位的工作规范相吻合，即使不能完全吻合，也应有六成的符合度，否则即被淘汰掉。为了提高简历筛选效率，一般可以从以下几个方面把握。

（1）从简历的结构把握：简历撰写的逻辑性、层次感、重点突出，需注意的是现在很多都是从网上下载千篇一律的模板。

（2）应聘者的学历、专业是否符合工作规范要求。

（3）过往的工作经验与岗位规范是否匹配。

（4）工作技能是否满足岗位所需技能。

（5）内容的真实性。通过时间期间发现学历、培训、工作经历、任职职位是否有前后矛盾或虚假的情况。

2. 如何选拔符合岗位要求的人员

简历经过筛选的，接下来就要通过面试对应聘者的简历内容进行核实，以及发现简历之外的应聘者的职务信息和特质，采用的方法有：笔试、当面考察、测评中心、心理测验等。

> **小贴士 Human Resources** 岗位任职资格体系的建立，是人力资源管理的一项基础工作，它是在岗位分析的基础上，详细规定公司所需要的知识、技能、价值观和工作经验，它可以正确引导员工达到公司所需要的工作目标。因此在岗位分析的结果出来后，即应着手建立岗位任职资格体系。

03 岗位分析与员工培训

企业对员工的培训，首先要明确培训的需求，是员工的知识老化需要更新？是企业采用新技术、新设备需要掌握？是生产效率降低需要改进？是品质标准不明确需要加强？还是拓展业务需要对业务员教练？只有针对性的培训才能达到培训的效果。为培训而培训不但浪费公司人力、物力、财力，员工也没有学习的动力，这一切的基础工作都离不开岗位分析。

一、培训需求的确定

岗位分析明确了组织中各个岗位的工作任务，每一个岗位所需要的知识、技能和能力要求，明确了工作标准，这就为培训工作的落实提供了保障。

1. 培训需求的分析

它是在计划与设计每项培训活动之前，采取一定的方法和技术，对组织及其成员的目标、知识、技能等方面进行系统的研究，以确定是否需要培训和培训什么内容的过程。培训需求分析的内容既包括组织分析，也包括工作任务分析及人员分析。对人员的分析主要的是对人员的工作能力、工作绩效表现进行分析，从而确定培训的具体内容和明确哪类人员需培训，以及如何才能提高培训的效果，人员分析重点需明确的问题如下：

（1）任职者完成该岗位工作任务需具备的条件有哪些？

（2）任职者是否具备岗位所需的知识、技能等条件？

（3）任职者工作业绩表现如何？哪些方面存在不足？

（4）造成工作业绩不佳的原因有哪些？

（5）明确哪些业绩不佳的情况需通过培训来改善或改进。所以岗位分析结果为企业培训提供了重要依据。

2. 培训需求的确认

确定培训的对象，谁需要培训，培训什么？哪些岗位的员工需要培训，需要提高的是知识、技能还是能力素质？

绩效差距的产生是多种因素造成的，有些因素是非人力因素产生的，如没有合适的工具？程序不合理等，这就需要做全面分析，确定哪些是人为的因素，哪些不是人力因素，如果非人力因素，就要否定培训意向。即使由于人为因素产生的绩效差距，也不是都能通过对现有人员培训，就能解决和弥补的。如现有人员的专业不对口，即使投入较高的培训费用和较长的培训时，也未必能达到培训的效果，这时就需要转换策略采用人事调整的方式来解决问题。

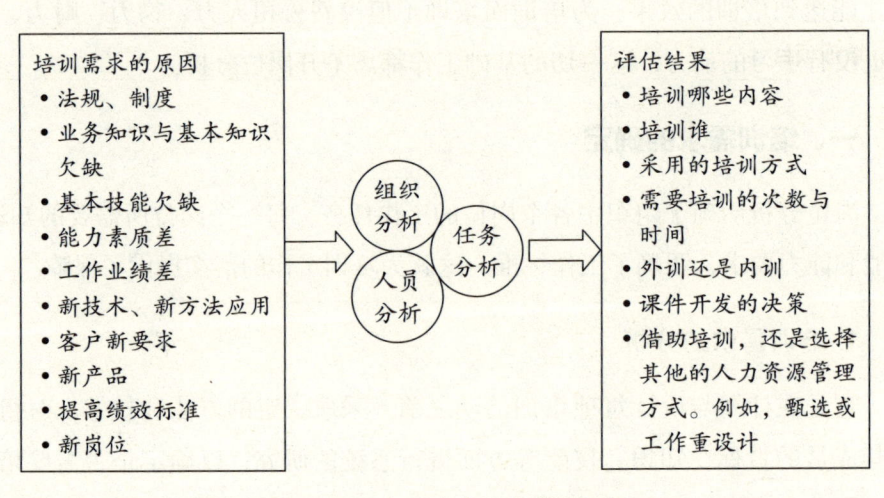

培训需求的原因
- 法规、制度
- 业务知识与基本知识欠缺
- 基本技能欠缺
- 能力素质差
- 工作业绩差
- 新技术、新方法应用
- 客户新要求
- 新产品
- 提高绩效标准
- 新岗位

⇒ 组织分析　任务分析　人员分析 ⇒

评估结果
- 培训哪些内容
- 培训谁
- 采用的培训方式
- 需要培训的次数与时间
- 外训还是内训
- 课件开发的决策
- 借助培训，还是选择其他的人力资源管理方式。例如，甄选或工作重设计

图 9-1　培训需求分析模型图

二、培训方案制订

明确了培训的内容与对象，就需要对在岗人员进行考核，了解他们是否具备岗位要求，哪些方面不能满足岗位要求，应参加哪方面培训，以此来制订培训方案。它一般包括：培训目的、培训对象、培训内容、培训方式、培训时间、培训地点、培训费用、培训效果评估等内容。

1. 培训的方式

（1）授课式。
（2）专题讲座式。
（3）角色扮演式。
（4）头脑风暴。
（5）户外拓展训练。
（6）案例分析式。

2. 培训的内容

（1）对新员工的培训，侧重于企业的概况的认识和了解，企业的组织文化，企业的管理制度以及自我认知培训，具体内容如下表。

表 9-2　新入职员工培训内容一览表

培训项目	培训内容
企业概况	1. 企业简介 2. 公司组织结构，部门职能
企业文化	1. 企业价值观 2. 经营目标 3. 经营理念
规章制度	1. 人力资源管理制度 2. 行为规范与准则 3. 职务说明书
薪酬福利	1. 工资结构 2. 企业福利

续表

培训项目	培训内容
安全与卫生	1. 工业安全 2. 消防安全 3. 职业病危害
技能与素质	1. 岗位所需的基本知识 2. 岗位所需的技能和素质
职业规划	1. 职业发展潜能的测定的评价 2. 职业发展通道 3. 职业发展目标
其它	1. 申诉投诉处理 2. 绩效考核 3. 奖励与处分 ……

（2）对在职员工的培训，一般侧重于岗位知识、技能、素质和管理方面，具体内容如下表。

表9-3 在岗员工培训内容一览表（部分）

人员类别	培训内容	
生产与管理人员	1. 生产现场管理实务 2. 5S实务 3. 生产计划与过程控制 4. 岗位安全操作规程 5. 工艺、技术与过程控制 6. 生产异常的分析与解决 7. 品质异常的分析与解决 8. 设备的保养、维修、改善	9. 物料的控制 10. 库存管理 11. 生产损失、损耗控制 12. 安全生产管理 13. 工伤与职业病预防控制与处理 ……
人力资源管理人员	1. 劳动人事的政策、法律、法规 2. 人力资源部门的职责与在组织中的地位和作用 3. 岗位分析与岗位评价，职务说明书的编号 4. 招聘与录用管理 5. 招聘方法与招聘技巧 6. 培训与开发	7. 绩效管理 8. 企业文化建设 9. 薪酬与福利管理 10. 劳动关系管理 11. 劳资纠纷的预防与处理方法 ……

> **小贴士**
>
> 岗位分析的结果帮助企业明确了培训的方向,使企业制订培训计划的目的更明确。选择培训的方式也更有针对性。因此,如果我们所做的岗位分析的目的是提高员工的培训效果,那么在收集岗位信息、选择分析方法方面就要侧重于任职资格、绩效标准方面,才能突出重点、达到目的。

04 岗位分析与绩效管理

绩效管理是组织中一项重要的管理工作,而绩效考评又是绩效管理的重心。如何保证绩效考评工作的准确性和公平性,是绩效管理工作成败的关键,其目的就是通过考核,提高员工的工作效率,实现组织的目标。考核的结果可以为人事调整、薪酬调整、培训与开发等提供依据。岗位分析与绩效考核的关系如下表。

表 9-4 岗位分析与绩效考核关系表

岗位描述	绩效考核
岗位职责与工作任务	1. 岗位职责和工作任务是指一个岗位所承担的职责和实现这些职责要完成的任务,如市场部经理职责之一是进行市场分析,为完成这一职责他需开展以下工作:组织市场调研,了解本行业与市场信息,收集与分析整理市场信息等。 2. 工作职责与工作任务是对岗位任职者进行考核的依据。即将实际的工作结果与应达到的工作目标相比较这样才能对任职者的工作绩效进行评估。
岗位职责与任务重要程度	把某个岗位所有职责和任务或为完成这些职责和任务所花费的时间为 100%,那么单项职责和任务所占比例越大表明该单项职责与任务越重要。
工作关系	1. 工作关系是指该岗位与内部或外部的哪些部门与个人发生工作联系。 2. 表明了任职者工作结果输出方向。在进行绩效评估时,接受其工作结果的对象就对其工作结果有评估权。

一、通过岗位分析确定考核指标与绩效标准

关键绩效考核指标是用来衡量某一岗位任职者工作绩效表现的具体量化指标，反映的是能有效影响企业价值创造的关键驱动因素。而岗位职责是一个岗位比较稳定的核心特征，表现的是任职者所从事的核心活动。它来源于工作说明，是基于岗位分析基础上的相关资料，如何通过岗位分析确定关键的绩效指标呢？

（1）明确岗位职责：当通过岗位分析确立了工作职责后，就一定要分析出每一项工作职责的工作产出是什么？也就是这项职责产生了什么样的结果。

（2）设立绩效标准：将工作职责的产出结果；根据数量、质量、成本、期限、满意度等方面设定评估标准。

（3）职务说明书：有了一份科学合理的职务说明书，就能对员工的的工作起到指导作用，因此绩效评估有了绩效指标和标准。对绩效考核就可以做到有据可依，评估就比较客观、公正了。

二、工作关系决定绩效考核的关系

绩效考核的准备阶段需要解决的问题首先是明确绩效考核对象以及各管理层级的关系，正确回答"谁来考评、考评谁"。在被考评者明确的情况下，考评者由哪些人员组成取决于三个因素：考评者类型、考评的目的、考核指标和标准。

如在了解员工绩效提高程度的对操作员工的考评中，就应依据该员工的直接主管为主来进行评估，因为其主管非常了解员工工作情况，做出的判断比较客观。

如为了培训与开发人才，通过考评发现员工需要弥补的技能缺陷，就应该在直接主管考评的同时，进行自评和同事间互评，多角度、全方位了解被考评者优势和不足，发现员工存在的主要问题，哪些方面需要弥补和提高，为培训与开发提供依据。

再如对老师和培训师进行培训或教学效果考核时，可以请听课的学生或参训人员参加考评，以获得更准确、更全面的评判。

当然企业上一些涉及客户与供应商、服务商的职位，除上级评价同事与自我考评相结合外，还可以请客户与服务商参与考评，以获得全面的评价结果。

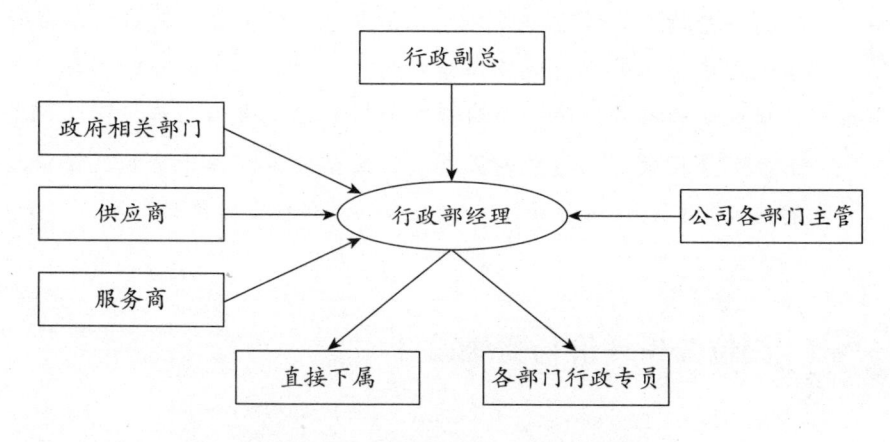

图 9-2　行政经理绩效评估关系图

三、职位特性影响绩效管理模式

在做岗位分析时，每个职位的特性是不同的。有的职位工作独立性强，自主性较强，如高级管理人员；有的职位自由度较低，控制程度较高，如生产操作人员。因此他们的行为表现就存在着明显的差别，这就要根据不同职位的员工，采取不同的绩效管理方式：

（1）对职位独立性强，自主性较高的职位，宜关注工作的结果，不必太过追求管理中对过程和细节的掌握和控制。

（2）对职位自由度低，受控制程度较高的，就必须加强过程控制，关注过程细节按一步一步的程序或指标来工作。这不仅须关注结果，还要关注每个环节的工作结果。

（3）有些职位的工作结果可以在较短的时间表现出来，就采用较短的考核周期，如生产线上的操作工，可以每天考核工作结果，每月汇总评估。

（4）有些职位工作结果需要比较长时间长能表现出来，那么就需要对这类职位采用较长的考核周期。如项目的开发，可能持续数月或几年，可以待项目结束再行评估。

> **小贴士 Human Resources**
>
> 岗位分析与绩效管理有紧密的联系，二者的联系表现在：
> 1.岗位分析和设计可以作为岗位绩效计划的依据。岗位的绩效计划不能超出员工的职责范围与设定的工作量。2.岗位分析和评价可作为岗位绩效评价依据。岗位分析的结果确定考核指标，岗位评价结果也部分反映影响绩效的因素。3.岗位评价可作为绩效反馈与改进的依据。4.岗位绩效评价又作为岗位再分析和再设计依据。

05 岗位分析评价与薪酬设计

岗位分析是对企业的岗位进行全面的分析，并形成职务说明书，并在岗位分析的基础上进行岗位评价，确定企业各个岗位的相对价值。

薪酬是激励员工的主要手段，也是吸引和留住人才的重要手段之一，如何让员工认同薪酬的公平性，从而对组织产生满意和信任，是人力资源管理面对的挑战。而岗位评价就是建立薪酬公平的重要手段，通过岗位评价，对不同性质的岗位，不同工作内容的岗位，通过比对岗位所隐含的付酬要素，确立它们的相对价值，并据此确定岗位薪酬。例如，一个车间的班组长和办公室的助理所从事的工作内容完全不同，但它们各自所需的技能、责任、教育与训练水平，对组织的贡献价值、工作环境等是可以比较的。如果我们按照一定的标准和程序判断出它们的付酬要素，经过比较结果相同，则就可以认定这两个岗位应当获得同时岗位的报酬。

一、岗位评价对薪酬设计的意义

（1）岗位评价在薪酬设计中引入了客观分析的方法，克服了不同岗位之间由于职位特征不同、工作性质不同、工作内容不同、岗位职责不同等不同造成的岗位价值对比障碍，使得岗位薪酬的制定可以处于同一标准之下，从而为岗位薪酬的合理性，避免制定过程的主观性、随意性奠定了基础。

（2）岗位评价程序性地为薪酬设计引入了程序公平，帮助建立对薪酬分配结果的公平性的认知，使员工在参与分配决策过程中，对岗位价值的科学性、合理性、公平性得到认可，进而建立对薪酬的公平性认知。

二、岗位评价与薪酬结构设计的关系

岗位评价的结果就是得到组织内各岗位之间的相对价值，然后将岗位的价值与薪酬制度对接起来，即先将评价结果向岗位等级表转换，再依据岗位测评结果的分值，将各岗位分别纳入相应岗位等级内，最后与薪点值对应起来。它有以下几种关系：

（1）线性关系：岗位价值与薪资之间的关系是一种线性关系。也就是说，岗位的价值与薪资是成正比的，随着岗位价值的提高，薪资也按照一定比率提高，如图9-3。

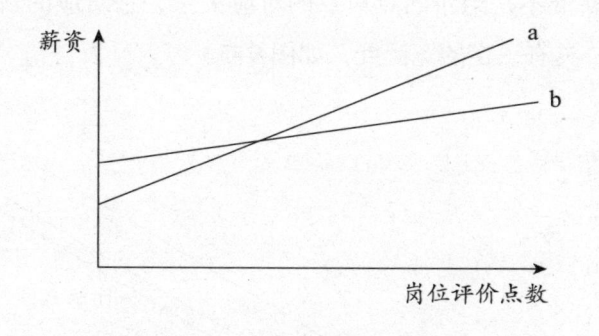

图9-3 线性薪资曲线

从上图可以看出这两条不同的曲线反映了不同的薪酬设计思路。曲线a：斜率较大，说明不同价值的职位之间的薪酬差距较大，激励效果明显。曲线b：斜率较小，说明薪酬差距较小，企业不希望收入的差距过于悬殊，尽量平衡一些，激励的作用有限。但不管采用的哪种薪资策略，一定要根据企业的内外部实际情况来综合考虑。

（2）非线性关系：岗位价值与薪资之间不仅可以是线性关系，更多的还是非线性关系，即岗位价值与薪资并不是成正比例的。岗位价值的增长不是按照相同的比率增长的。如图9-4。

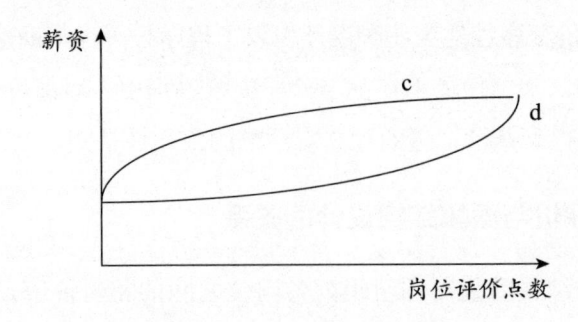

图 9-4　非线性薪资曲线

从上图可以看出，曲线 C 在级别较低的职位薪资增长速度较快，随着岗位等级的增长其薪资增长速度趋于缓慢；曲线 d 情况则相反，低级别的岗位薪资校长速度较慢。随着级别的提高增长速度相对较快。

在薪酬设计的实务中，根据岗位评价确定的每个岗位的级别，经及在此基础上完成的薪资不是绝对的点对点的对应关系，它对应的薪资水平往往是在一个范围内，具有一定的宽泛度，如图 9-5。

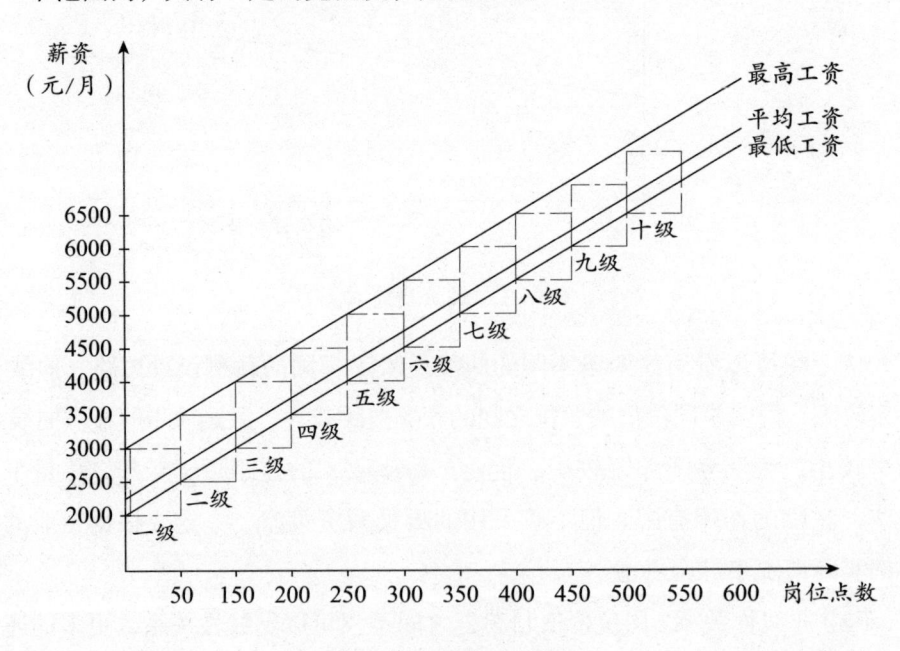

图 9-5　薪资幅度图

从上表可以看出，这是一个宽带式薪资结构图，每个级别薪资都有一幅度，规定了平均薪资，最高与最低薪资，每个级别采用等比来划分，级与级之间也有一定的薪资重叠，这是目前很多企业采用的方案。

三、岗位评价与薪酬体系的改进

实际的操作中，我们很多企业都原有一套薪资的体系，原有的薪资体系是否合理？岗位的薪资是否体现了对组织的贡献度？这种分配结果是否体现了公平的原则？这就需要通过岗位评价来体验现有薪资体系合理性，为薪资体系改进提供依据，如图9-6。

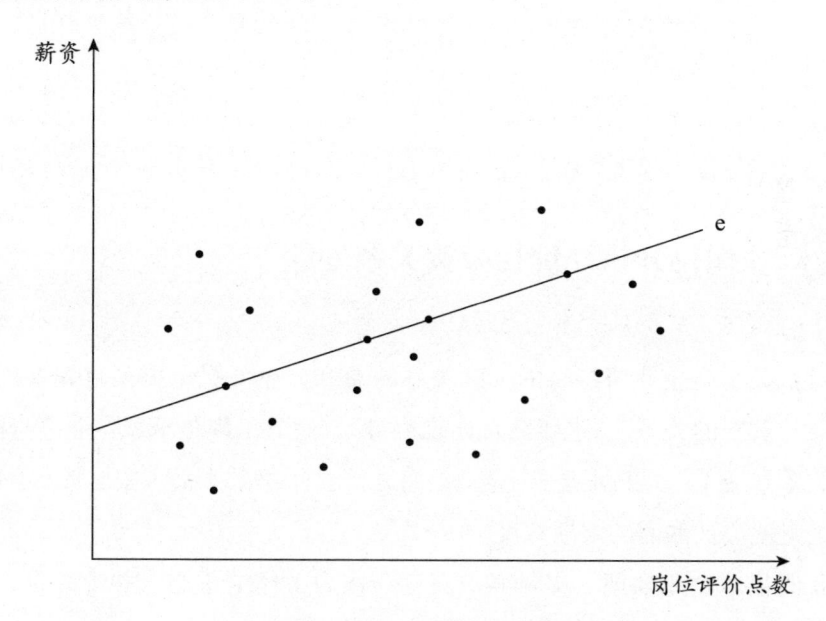

图 9-6 现有薪资离散图

从上图可以看出，现有的薪资散布在曲线 e 的上下，有的离散度很高，说明偏离岗位价值的程度就大，散布在曲线上方的说明薪资高于岗位价值。散布在曲线下方的，说明薪资远低于岗位价值。为此，就需要通过岗位评价，制作出现有薪资情况的离散图，进行回归分析，得出薪资曲线，然后根据企业具体情况不偏离曲线较远的薪资进行调整，使薪资与岗位价值相对应，这样才能体现薪资的合理性，才能发挥薪资的激励作用。

这里需要说明的是岗位评价只是为薪酬体系提供了内部公平性的依据，不能仅以此为据来设计薪酬标准。还要对岗位价值进行市场评估，即进行市场薪资调整，了解同区域同行业的企业相同岗位的薪资支付状况，包括：薪资标准、人工成本、生产效率、企业效益水平以及国际标准等，才能确定本公司的薪酬策略，制定能吸引、激励员工的薪酬标准。

> **小贴士 Human Resources**
>
> 在利用岗位评价的结果来设计企业的岗位工资制度的时候，往往出现按照岗位价值度确定的工资比较高，而实际情况是现任职者远未达到岗位要求，却不能按岗位价值付酬的情况。建议从以下思路解决：一是通过竞聘上岗选拔出合适人员；二是在不调整现人员基础上，设置副岗过渡；三是暂时将岗位价值度与岗位等级分离，调低岗位等级。

06 岗位分析评价与劳资关系处理

员工关系是企业所特有的人际关系的总和，企业员工关系首先要处理的是企业与员工的关系。"水能载舟亦能覆舟"，而员工则是承载企业之舟的水，员工关系和谐了，员工满意了，企业之舟才能在平静的水面上安全航行。反之，企业之舟便会被汹涌的浪潮淹没。

我们很多企业都把"实际客户满意"作为工作的重心，并千方百计提升和改进服务的新方式，但最后企业普遍感觉到这些方式的效果却总是不那么明显。这是企业忽视了一个最普通的问题，外部客户的满意度是由企业员工创造的，试想一肚子怨气的员工怎么能给客户提供满意的服务呢？

一、劳动争议的分类与产生的原因

劳动争议即劳资纠纷，是指劳动关系的双方当事人之间因劳动权利和义务的认定与实现所发生的纠纷。按照争议的标准划分，可分为：

（1）劳动合同争议：即解除、终止劳动合同而发生的争议。因开除、辞退、辞职等对适用条件的不同理解而发生的争议。

（2）关于劳动卫生、工作时间、休息休假、保险与福利而发生的争议。

（3）关于劳动报酬：制度执行，责任与奖惩等因适用条件的不同理解与实施而发生的争议。

综上可以看出劳动争议产生的直接原因，就是涉及劳动权利义务的就业、工资、工时、规章制度、劳动保护、民主管理、奖励、惩罚等方面的不规范的行为产生的；间接的原因就是员工对组织的期望，以及员工对工作特征、工作环境、工作关系、文化氛围、薪资福利待遇等现状的不满意而产生的。而岗位分析与评价一方面可以帮助组织前瞻性地发现组织的哪些行为是不规范，标准是不合理的，执行是不到位的，并在问题出现之前解决掉，从而有效规避或减少因组织行为不规范而产生劳资争议。另一方面在企业进行岗位分析与评价的过程中，与员工进行妥善而有效的沟通，让员工自始至终参与整个的过程，从而清除和厘清了员工对岗位的职责、工作任务、工作关系、工作标准，考核要求、岗位价值的模糊和错误认识，减少或杜绝了因员工对工作性质、环境、薪资等产生的不满意。最后通过岗位分析与评价帮助员工认识了工作目标与实际业绩的差距，帮助员工提升个人的能力素质、工作效率，达成员工的职业期望。

二、如何提升员工满意度

员工的满意度我们一般分为员工的工作满意度和薪酬满意度。前者是员工对工作绩效、工作环境的主观反应，后者讲的是员工对工作投入与产出即"工作所得"的比较结果。无论哪种认知，如果产生不满意，低于员工的期望值，则不满意的员工则会以不同的方式导致公司的各项工作事倍功半，带来的结果是"较低的生产工作效率""较高的员工流动率""较紧张的劳资关系"。因此提升员工满意度应从以下几方面入手。

（1）规范公司的组织行为：定期梳理公司的业务流程，规范组织行为。职务说明书的修订等，使组织始终处于一种健康运转与发展之中，对企业的经营和管理做出经常性的反思，适时调整经营决策，充分发挥员工的智慧，从组织角度诊断企业管理问题。

（2）建立良好的工作关系：在一个平等、备受尊重的企业文化环境中，可以满足员工的自尊心，使员工感受到自己是企业的一员，激发员工关心企业，将对企业的关心传递到客户顾客、消费者。

（3）充分考虑员工的工作意义，关注员工的工作体验，满足员工从事劳动活动中在生理和心理上的需要。

- 通过工作再设计，使工作的内容、方法、程序、工作环境、工作关系等与工作的人员特性相适应，减少无效劳动，大幅提高工作效率。
- 在工作设计中，更多地考虑人的因素对工作的影响，改变工作的单调重复和不完整特性，实现工作的多样化，从而减少由于工作枯燥、重复给工作人员产生的不良心理反应。
- 通过工作设计，改善工作关系，使员工在工作中获得充分的自主权和责任感，增强员工主人翁意识，更好地融入组织文化中去，同时也能形成良好的上下级、同事之间人际关系。

4. 完善薪酬制度，提高员工薪酬满意度

员工对薪酬的满意与否包括：一是员工的贡献度，即员工对自己工作的投入与产出结果的比较；二是薪酬的内容公平性，即相较于组织的其他岗位所得的薪酬的比较；三是薪酬的外部的公平性，即相较于其他组织或社会环境中具有相似岗位所得薪酬的比较。

需要注意的是，员工对薪酬满意的理解无法从单一的维度向多维度的转变，即从最初的工资水平，演变为对薪酬水平、福利加薪、薪酬的结构等方面的满意。因此要提高员工的薪酬满意，应从以下着手：

（1）完善薪酬制度，提高薪酬的内部公平性。薪酬管理是人力资源管理中的一个难点，它关系到每个员工的切身利益，直接影响到员工的生活水平，还是员工在企业中工作能力和技术水平的直接体现。员工往往通过薪酬、福利待遇衡量自己在组织中的地位和作用。因此在制定薪酬制度前应让员工充分参与到岗位分析与评价的全过程，使他们充分认识和接受关于岗位的工作职责、工作标准，该岗位在企业中的地位和价值，从而认识企业的薪酬制度的科学性、合理性、公平性。

（2）完善绩效考评制度，明确绩效（产出结果）的标准，综观员工对薪酬的期望值过高的原因，主要还是由于对考核标准的合理性、考核结果的客观性认识不同造成的。因此通过岗位分析，可以明确绩效的标准，通过完善绩效考评制度确保考评结果的客观性。一方面可提高员工积极性，另一方面提高员工满意度，减少劳资纠纷发生。

（3）定期进行员工薪酬满意度调查，将本企业的岗位价值进行市场评估，确定能吸补员工、激励员工的薪酬策略，制定具竞争力的薪酬标准，提升企业薪酬的外部公平性。

5. 鼓励员工参与企业的管理活动

从多数关于员工满意度的调查及劳资纠纷处理的实践中，80%以上都是因为对标准、制度、行为等的规范理解与认识缺乏有效沟通产生的。员工一般不会自发地产生对企业行为的认同，只有当他们真正认识到自己的日常活动是对公司目标有意义时，才能觉得有价值。因此让员工参与到企业管理活动中，让员工更多地了解企业行为，了解自己的工作成果，就能提高员工满意度，减少劳资纠纷的发生。

6. 重视员工的培训与职业发展

培训与开发本身就体现了对员工的重视，使员工在工作中不断得到自我提升。职业通道的建设为员工的晋升提供了保障，才是企业选择人才、稳定员工队伍，提高员工满意度的捷径。

> **小贴士 Human Resources**
>
> 目前企业内劳动关系中存在的主要问题，一是员工的满意度低，而员工满意度又表现在一是企业内部流程混乱，员工不知道怎么办；二是标准缺乏，不知道做到什么程度才符合要求；三是缺乏考核，做的好坏都一个样，或者做好落不到好；四是考核结果运用不合理，随意处罚；五是民主化管理不够，本来挺好的加薪，还闹得罢工；六是员工缺乏职业期望，不知道如何提升自己适应公司发展步伐。综上等等，要减少纠纷，提高员工满意度只有从岗位分析与评价入手，在沟通中厘清职责、任务，工作与绩效标准。

【管理分享】

宽带薪酬体系设计实务

D公司是珠三角大型的集研发、生产为一体的公司，主要产品是生产五金、塑胶制品，公司设有技术中心与制造中心两个事业部，总工人数2000多人，其薪酬体系等级多、级差小、薪酬空间缺乏弹性，绩效管理形式化严重，特别是技术类的。员工的创造热情低下，上上下下对公司的薪酬体系都产生了不满的情绪。引起高层重视的是在最近一次人力资源部关于薪酬满意度调查中，几乎80%的员工对薪酬都有不同程度的意见。因此，经公司领导层研究决定，由人力资源部牵头，必要时可请顾问公司指导，解决以上弊端。

D公司人力资源部在充分调查基础上，结合公司的制造型为主的企业特点，提出了以下的方案。

一、企业薪酬体系的现状

1. 目前公司的薪酬体系是基于职位与绩效来设计的，已经运行了七年之久，加上公司在此期间为提高组织效率，二次进行了组织结构的调整。将原来直线职能为主的组织结构，转变为一个技术中心和一个制造中心的事业部型式，大幅压缩中间组织，并将原9层结构，简化为4个层次，而这种组织结构的扁平化，却没有进行薪酬结构的调整，导致员工较难获得晋升。即使员工能力再强，个人绩效再突出，获得晋升的可能性也是很小。

2. 绩效管理形式化严重，绩效工资只占工资的10%左右。公司的绩效工资从上到下都是一个标准，各个员工拿到手的绩效工资相差不大。这就造成了做得很好的员工与很差的员工的工资差别不大，工作难度大的员工获得的绩效工资与没有工作难度的员工获得的绩效工资没有差别。

3. 薪酬体系中只有职位晋升的薪酬提升，并且薪酬提升的空间不大，而且单一，核心人才无能级提升计划，即使技术再好、能力再强，只要没有职位晋升，薪资就得不到提升、严重打击了核心人才的积极性，造成离职率不断上升。

二、薪酬体系设计的设计思路

为解决策划的弊端和问题，D公司人力资源部提出了基于职位、绩效与能力的三位一体的宽带薪酬体系的设计思路。

1. 基于职位的薪酬体系，其方法在于：

（1）基于职位来确定任职者在组织中的地位和价值。

（2）人与岗位有效配置，建立基于职位价值的薪酬序列。

（3）因岗设人，以职位为核心确定人与组织、人与职位之间的关系。

（4）以职位所赋予的行政权力来处理上下级关系及组织成员间的沟通与协调。

2. 基于绩效的薪酬体系，目的在于：

（1）通过绩效指标的设定，使得员工朝着企业设定的方向努力，来达成企业目标的实现。

（2）通过绩效考核，促进员工不断的提高工作效率与工作质量。

（3）通过绩效管理，使员工发现自身的绩效差距的原因，以不断改进。

3. 基于能力的薪酬体系，其好处在于：

（1）薪酬与能力挂钩，可以促使员工不断学习，提升自身的能力素质，能更快地达成绩效目标。

（2）可以在职位不晋升的情况下，能力提升，薪酬就能得到提高，职级也能得到提升，有效解决晋升空间有限与加薪的矛盾，避免"万人挤独木桥"的现象。

（3）通过设定能力薪酬，可建立企业的人才资源储备，有利于企业的改革与长远发展的人才需求。

（4）可体现员工自身价值，满足自我实现的需求。

综上，宽带薪酬体系减少了薪酬的等级，增加相邻岗位的薪酬覆盖度，在岗位未变的情况下，可以通过能力提升与绩效改善来增加薪酬，从而维护薪酬的内部公平性，增强员工的满意度，并能建立注重能力和绩效的企业文化理念。

三、基于职位、绩效、能力的三位一体宽带薪酬的设计步骤

第一，通过职位和岗级的量化评价，设计出基本工资宽带薪酬等级表。

第二，依据岗级确定绩效工资与基本工资之间的合理比例以及绩效工资的宽带范围。

第三，通过绩效考核确定员工绩效工资及奖金数额。

第四，通过能级评定设计出职位、绩效与能力三位一体的宽带薪酬体系。

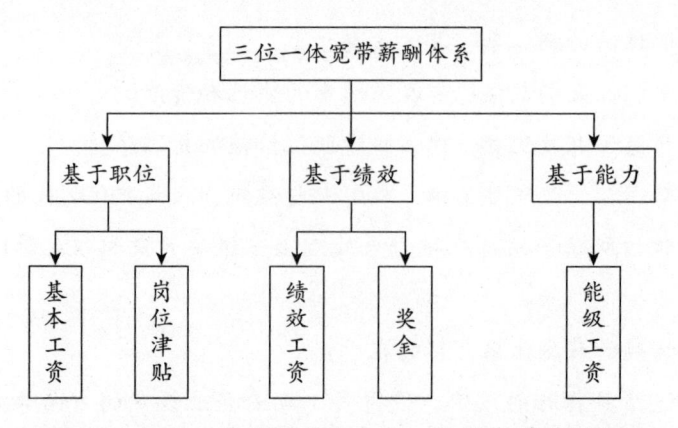

图 9-7 职位、绩效与能力三位一体的宽带薪酬体系

1. 基本工资的设计

我们把公司的员工分为管理、技术、生产、服务四大类,涵盖了生产工人、辅助生产工人、技术工人、工程师、科长、主任、经理、总监等各类人员。在岗位分析的基础上以知识技能、劳动技能、劳动责任、劳动强度、劳动环境五大因素作为评价标准对各岗位进行了岗位评价。通过要素评分法确定基准薪点,将岗位由低到高分为 A、B、C、D、E、F、G、H、I 九等,每个等又划分为 9 个职等,并据此初步确定职级工资标准即薪酬等级。同时,拓宽薪酬空间,设立一个上下浮动的薪酬范围,为员工提供管理与技术二条职业发展通道,专业技术人员可根据职位等级获得同级别管理人员一样的薪酬待遇。职位与岗级宽带薪酬表见表 9-5。

表 9-5 职位与岗级宽带薪酬表

I																					I1	I2	I3	I4	I5	I6	I7	I8	I9
H																			H1	H2	H3	H4	H5	H6	H7	H8	H9		
G																	G1	G2	G3	G4	G5	G6	G7	G8	G9				
F															F1	F2	F3	F4	F5	F6	F7	F8	F9						
E													E1	E2	E3	E4	E5	E6	E7	E8	E9								
D											D1	D2	D3	D4	D5	D6	D7	D8	D9										
C									C1	C2	C3	C4	C5	C6	C7	C8	C9												
B							B1	B2	B3	B4	B5	B6	B7	B8	B9														
A						A1	A2	A3	A4	A5	A6	A7	A8	A9															
等级	1	2	3	4	5	6	7	8	9	10	11	12	13	14	15	16	17	18	19	20	21	22	23	24	25	26	27	28	29

表 9-6 基本工资与职级对应表

职级	1	2	3	4	5	6	7	8	9	10	11	12	13	14	15
工资	1500	1600	1700	1800	2000	2200	2400	2750	3100	3600	4100	4600	5300	6000	6700
区间	1600	1700	1800	2000	2200	2400	2750	3100	3600	4100	4600	5300	6000	6700	7600
级差	100	100	100	200	200	200	350	350	500	500	500	700	700	700	900

职级	16	17	18	19	20	21	22	23	24	25	26	27	28	29	
工资	7600	8500	9400	11400	12400	13500	15000	16500	1800	19500	21000	22500	24000	25500	
区间	8500	9400	11400	12400	13500	15000	16500	1800	19500	21000	22500	24000	25500	27000	
级差	900	900	1100	1100	1500	1500	1500	1500	1500	1500	1500	1500	1500	1500	

2. 绩效工资的设计

绩效工资按岗位的不同，与基本工资的比例也不相同。ABC 属于基础的生产与生产辅助岗位，绩效受制于程序的影响较大；DEF 属于基层管理与技术岗位，绩效的自主性较大，对绩效的影响较大，GHI 属于中高层管理与技术管理或核心技术人中，岗位对绩效的影响很大，对企业战略与长远发展具有举足轻重作用，因此通过分析、确定。ABC 岗位的绩效工资为基本工资的 20%，DEF 岗位的绩效工资定为基本工资的 30%，GHI 岗位的绩效工资 40%。

表 9-7 绩效工资等级设计表

等级	绩效工资占比	等级	绩效工资占比	等级	绩效工资占比
A	20%	D	30%	G	40%
B	20%	E	30%	H	40%
C	20%	F	30%	I	40%

绩效的考核采用百分制的方式，具体划分为优秀（A）：90 分以上，良好；（B）：80~90 分，合格；（C）：70~79 分，基本合格；（D）：60~69 分；60 分以下为不合格。其对应的奖金系数为 A 为 1.2，B 为 1.1，C 为 1.0，D 为 0.8，不合格为 0.5。

对考评等级实行强制分布法，即优秀（A）占总考核人数的5%，良好，（B）占总考核人数的10%，合格（C）占总考核人数的70%，基本合格（D）占总考核人数的10%，不合格占总考核人数的5%。

具体的考核指标与考核方法由绩效考核制度规定。

3. 能力工资的设计

为了重现核心人才的培养与保留、激励与发展，我们设计一套薪酬提升方案。方案共分9级，每个能级对应不同的素质和能力，同时能力与薪酬的提升挂钩，随着能级的上升，基本工资与绩效工资也会得到相应提升，具体见表9-8。

表9-8 能力提升对应薪酬表

职位岗级	能级	起薪点（工资）
技工	1	D3
	2	D5
	3	D7
技师、工程师	3	F3
	4	F5
	5	F7
主管工程师、经理	5	G5
	6	G7
	7	G9
高级工程师、总监	7	H7
	8	H8
	9	H9

图书在版编目（CIP）数据

老 HRD 手把手教你做岗位管理：实操版 / 杨刚祥，胡光敏著.
—2 版 .—北京：中国法制出版社，2019.12
（老 HRD 手把手系列丛书）
ISBN 978-7-5216-0389-7

Ⅰ.①老⋯ Ⅱ.①杨⋯ ②胡⋯ Ⅲ.①企业管理—人力资源管理
Ⅳ.① F272.92

中国版本图书馆 CIP 数据核字（2019）第 149499 号

策划编辑：潘孝莉（editorwendy@126.com）
责任编辑：郭会娟（gina0214@126.com）　　　　　　　　封面设计：汪要军

老 HRD 手把手教你做岗位管理：实操版
LAO HRD SHOUBASHOU JIAO NI ZUO GANGWEI GUANLI: SHICAOBAN

著者 / 杨刚祥　胡光敏
经销 / 新华书店
印刷 / 河北鑫兆源印刷有限公司
开本 / 787 毫米 ×1092 毫米　16 开　　　　　　　　印张 / 16.5　字数 / 260 千
版次 / 2019 年 12 月第 2 版　　　　　　　　　　　2019 年 12 月第 1 次印刷

中国法制出版社出版
书号 ISBN 978-7-5216-0389-7　　　　　　　　　　　　　　定价：59.00 元

北京西单横二条 2 号　邮政编码 100031
网址：http://www.zgfzs.com　　　　　　　　　传真：010-66031119
市场营销部电话：010-66017726　　　　　　　编辑部电话：010-66022958
　　　　　　　　　　　　　　　　　　　　　邮购部电话：010-66033288
（如有印装质量问题，请与本社印务部联系调换。电话：010-66032926）